Erich Lejeune

365 Tage Motivation

Erich Lejeune

365 Tage Motivation

Ihr Erfolgsprogramm für jeden Tag

Erich Lejeune ELEM Edition Mensch

Bibliografische Information der Deutschen Bibliothek
Die Deutsche Bibliothek verzeichnet diese Publikation in der Deutschen Nationalbibliografie.
Detaillierte bibliografische Daten sind im Internet über http://dnb.ddb.de abrufbar.

ISBN 978-3-636-01357-6

1. Auflage

Ein Unternehmen von Süddeutscher Verlag | Mediengruppe.

Umschlaggestaltung: Eberhard Wolf, Süddeutsche Zeitung
Umschlagabbildung/Autorenfoto: Eberhard Wolf; Cliff Serna
Satz: M. Zech, Redline GmbH
Druck: Ebner & Spiegel, Ulm
Printed in Germany

365 Schritte
zu ungeahnten Möglichkeiten

Der Jahresplaner
für Ihren Erfolg

Motivation – der Leitstrahl für Ihr neues Leben

Motivation ist der Motor jedes Erfolgs. Alles, was wir Menschen je geschaffen haben und noch schaffen können, als Einzelne wie als die Gemeinschaft der Weltbevölkerung, kommt über unseren Geist, über unser Denken und Fühlen – kurz: über unsere Motivation.

Motivation ist gleichzeitig der Ausdruck einer tiefen Sehnsucht nach Glück. Die meisten Menschen wünschen sich tief in ihrem Inneren, dass es ihnen besser geht, dass sie glücklicher leben, als es ihnen bis jetzt möglich war. Sie träumen davon, im Beruf erfolgreicher zu sein, mehr aus sich und ihren Fähigkeiten zu machen. Sie wünschen sich, frei und unabhängig leben zu können, in Wohlstand, ohne Sorgen, ohne Angst vor der Zukunft. Dennoch gehen Millionen von Menschen durch ein Leben voller Eintönigkeit, zermürbender Gleichförmigkeit und ungelöster Probleme, weil sie keine Ahnung haben, dass der Schlüssel zu ihrem Lebensglück, zur Verwirklichung ihrer Lebensträume einzig und allein in ihnen selbst liegt.

Da stellt sich die Frage, was der Unterschied ist zwischen den Menschen, die erreichen, was sie sich vorgenommen haben, und denen, die scheitern? Was ist der Unterschied zwischen denen, die handeln, und denen, die untätig bleiben? Warum können einige wenige Menschen auch niederschmetternde Erfahrungen positiv nützen, während andere daran zerbrechen?

Die Antwort darauf versuche ich seit über 30 Jahren in Vorträgen, Seminaren und einer Reihe von Büchern zu geben. Was ich bis vor wenigen Jahren neben meinem Beruf als Unternehmer für das Erfolgsklima in Deutschland, in der Schweiz, in nahezu allen übrigen europäischen Ländern, in den USA, in Japan, in Australien, in Hongkong, in Singapur und in Dubai angestoßen habe, das kann ich seit einiger Zeit in meiner Akademie für Motivation, Kommunikation und Erfolg mit voller Konzentration und im Glauben an die unerschütterliche Macht des positiven Denkens ganz gezielt an andere Menschen weitergeben – an Menschen, die wie ich diese unstillbare Sehnsucht nach Erfolg in sich tragen und die sich nicht zufriedengeben wollen mit dem Nötigsten, das man zum Überleben braucht.

Das vorliegende Buch „365 Tage Motivation“ ist kein Lesebuch, es ist ein Lebens- und Erfahrungsbuch! Mit jeder Seite dieses Buches will ich Sie an das große Geheimnis der Motivation heranführen. Dieser wunderbare Schlüssel der Motivation wird Ihnen alles erschließen, was Sie sich bisher für Ihr Leben erträumt haben. In diesem Buch finden Sie in kurzen Texten zusammengefasst die Quintessenz dessen, was das Wesen der Motivation ausmacht.

Wenn Sie Ihr Leben verändern wollen, wenn Sie sich mit dem Istzustand Ihres Lebens nicht zufriedengeben wollen und wenn Sie den Eindruck haben, dass Ihr bisheriges Leben in keiner Weise so verlaufen ist, wie es aufgrund Ihrer Anlagen und Ihrer Persönlichkeit hätte verlaufen können, dann sollten Sie dieses Buch nicht nur in Abschnitten Tag für Tag lesen, sondern die Grundgedanken der Motivation schrittweise in Ihr Denken und vor allem in Ihr Handeln übernehmen.

Motivation beinhaltet alles, was für ein erfolgreiches Leben notwendig ist. Denken Sie bei dem Wort „notwendig“ daran, dass es auf die Dinge verweist, die „die Not wenden“, und das sind: der Mut zu großen Zielen, die Ausdauer bei der Überwindung von Hindernissen, die Entschlusskraft im richtigen Augenblick, die Disziplin, sich nicht auf Teilerfolgen auszuruhen, die Ehrlichkeit, keine falschen Gewinne auf sein Erfolgskonto zu buchen, die Kreativität für bahnbrechende Ideen, die Freude an der Kommunikation mit allen Menschen, die einem begegnen, und das Selbstvertrauen, jede Herausforderung mit Freude anzunehmen.

Ich bin mir sicher, dass auch Sie einen Traum haben, von dem Sie tief in Ihrem Inneren wissen, dass Sie ihn erreichen könnten, wenn Ihnen die richtigen „Werkzeuge“ zur Verfügung gestellt würden. Sie ahnen, dass Sie keineswegs weniger begabt sind als viele, die einen Erfolg nach dem anderen für sich verbuchen. Ja, Sie haben Recht. Es liegt oft nur ein winziger Schritt zwischen dem Erfolg des einen und dem Misserfolg des anderen. Es ist das Geheimnis der Motivation, das diesen Unterschied ausmacht.

Mit diesem Buch möchte ich Ihnen den Schlüssel zu Ihrem Lebenserfolg und zu Ihrer erfolgreichen Persönlichkeit in die Hand legen. Ich habe erfahren, dass mit diesem wunderbaren Schlüssel der Motivation scheinbar unerreichbare Ziele tatsächlich greifbare Wirklichkeit werden und dass sie in der Realität um ein Vielfaches größer wurden, als ich es mir jemals hätte erträumen können. Ich begab mich auf diesen Weg, wobei ich mir der unvorstellbaren Kraft der Motivation noch nicht bewusst war. Ich spürte sie nur ungemein stark in mir und handelte rein intuitiv aus der Lebenssituation heraus, in die ich hineingestellt worden war. Sie gab mir einen ganz entscheidenden Anstoß, für den ich heute dankbar bin.

Aus dieser Dankbarkeit möchte ich möglichst viele Menschen, möchte ich Sie in dieses Geheimnis der Motivation einweihen. Es wird Ihr Leben ganz entscheidend verändern.

Das wünsche ich Ihnen von ganzem Herzen
Ihr Erich Lejeune

1

Sie tragen in Ihrem Innersten den Entwurf Ihres Lebenserfolgs und wünschen sich sehnlichst, diesen Lebensentwurf eines Tages zu verwirklichen. Es ist der tiefe Sinn Ihres Daseins, die in Ihnen angelegten Fähigkeiten und Möglichkeiten in greifbare Wirklichkeit zu verwandeln. Fassen Sie deshalb klar ins Auge, wo Sie am Ende dieses Jahres stehen möchten!

Vielleicht haben Sie bisher schon mehrere Anläufe genommen, um wenigstens ein Zwischenziel zu erreichen. Doch die Routine des Alltags hat Ihre anfängliche Begeisterung immer wieder erlahmen lassen. Oder sind Sie dazu erzogen worden, dass es besser ist, sich zu bescheiden und lieber zu verzichten, als an seinem Erfolg tatkräftig zu arbeiten?

All das können Sie nach und nach überwinden, wenn Sie meinen wichtigsten Rat befolgen: Wecken Sie in sich die Begeisterung für Ihren Erfolg.

2

Halten Sie Erfolg in Ihrem Leben für unerreichbar? Dann wird es höchste Zeit, dass Sie Ihr Denken ändern.

Ich habe in meinem Leben erfahren, dass scheinbar unerreichbare Ziele greifbare Wirklichkeit wurden. Ja, sie wurden in der Verwirklichung um ein Vielfaches größer, als ich mir je hätte träumen lassen. Wie habe ich das geschafft? – Ich habe am Tiefpunkt meines Lebens angefangen, mir ein großes Ziel ganz konkret vorzustellen und Schritt für Schritt darauf zuzugehen. Im Laufe der Zeit habe ich eine Menge über die Realität von Träumen und Visionen gelernt.

Ich weiß vor allem, dass es nicht nur einigen wenigen Menschen gegeben ist, ihre Träume zu verwirklichen. Auch Sie können es, egal wie schwierig Ihre Startbedingungen derzeit noch sind.

3

Heute möchte ich Sie von einer meiner wichtigsten Erfahrungen überzeugen: Sie können Ihr Leben grundlegend verändern – in Richtung Erfolg, Erfüllung und Lebensglück! Nicht von jetzt auf gleich oder von heute auf morgen. Aber Sie können sich jederzeit für den notwendigen Wandel in Ihrem Denken entscheiden! Die Ernsthaftigkeit dieser Entscheidung ist ausschlaggebend für die Größe Ihres Erfolgs.

Wenn Sie Ihr Lebensziel und Ihren Lebenserfolg aus ganzem Herzen verwirklichen wollen, muss diese Entscheidung unumkehrbar sein. Legen Sie – wie beim Start eines Flugzeugs – die ganze Schubkraft Ihres Denkens, Fühlens und Handelns in diese wichtigste Entscheidung Ihres Lebens. „Ja, ich will es. Ich schaffe es!" – Das sind die „Vor-Sätze", von denen Sie sich ab heute leiten lassen. Versprochen? – Versprochen!

4

Was ist der größte Lebenstraum, den Sie sich vorstellen können? Gestatten Sie sich überhaupt noch einen Lebenstraum? Können Sie sich wenigstens daran erinnern, wovon Sie einmal geträumt haben?

Holen Sie diesen Traum wieder hervor. Bringen Sie ihn zum Leuchten und stellen Sie ihn in die Mitte Ihres Lebens. Malen Sie sich das herrliche Leben aus, das Sie in wenigen Jahren führen werden – in allen Einzelheiten.

Legen Sie in Ihrer Vorstellung fest, welche beruflichen Erfolge Sie erreichen werden und wie Sie leben möchten. Denken Sie daran: Gedanken und gute Vorsätze werden leicht vergessen. Die Zeit geht darüber hinweg. Schreiben Sie ein 10-Punkte-Programm, am besten auf ein kleines Stück Papier, das Sie in Ihrer Geldbörse oder in Ihrer Brieftasche immer bei sich tragen können. Lesen Sie Ihr Erfolgsprogramm jeden Tag! Jeden Tag!

5

Versetzen Sie sich in Gedanken in die Lebenssituation, die Sie einmal erreichen möchten. Spüren Sie die Freude, die es für Sie bedeutet, erfolgreich eine Arbeit abzuschließen, die Sie Ihrem Lebensziel näher bringt. Stellen Sie sich bildhaft und greifbar vor, wie Sie den erhofften finanziellen Lohn in Händen halten. Und belassen Sie es nicht bei dieser Vorstellung.

Entscheiden Sie jetzt, in dieser Minute, dass Sie diese Vorstellungen, diese Träume und lang gehegten Wünsche tatsächlich in greifbare Wirklichkeit verwandeln werden. Seien Sie nicht gleichgültig gegenüber Ihrem eigenen Schicksal. Treffen Sie diese Entscheidung für Ihren Erfolg jeden Tag, jede Stunde von neuem!

6

Nehmen Sie ein für alle Mal Abschied von der Vorstellung, dass Erfolg immer nur die anderen haben. Begeistern Sie sich für Ihren eigenen Erfolg!

Ich befand mich in einer ziemlich aussichtslosen Lage, als ich beschloss, mit meiner ganzen Kraft, mit meiner ganzen Fantasie und mit all meiner Ausdauer für meinen Erfolg zu kämpfen. Ich besaß praktisch nichts mehr – außer einer Idee. Aber ich hatte den unumstößlichen Entschluss gefasst, diese Idee unter allen Umständen Wirklichkeit werden zu lassen. Und ich begann mit einem ganz praktischen Schritt – ich ging auf einen Trödelmarkt und kaufte ein gebrauchtes Telexgerät und einen alten Schreibtisch. Damit begann ich an der Verwirklichung meines Traums zu arbeiten.

Entschließen auch Sie sich heute für einen ganz praktischen Schritt in Richtung Erfolg. Jeden Tag ein Schritt in Richtung Erfolg!

7

Menschen, die nur hoffen, dass es ihnen eines Tages besser gehen wird, weil ihnen irgendjemand oder das Schicksal eine Chance bietet, geben ständig Lebensenergie ab! Denn in ihrem Unterbewusstsein werden sie daran erinnert, dass sie ihr Leben nicht unter Kontrolle haben. Und dieses Bewusstsein kostet nicht nur Selbstvertrauen, es kostet Kraft.

Wenn Sie mit Ihrem derzeitigen Leben unzufrieden sind, gibt es nur eines: Tun Sie den ersten konkreten Schritt in Richtung auf Ihr erträumtes Lebensziel. Dieser erste Schritt kann vieles sein – der Entwurf eines genauen Plans, ein Brief an einen Menschen, den Sie für sich und Ihr Vorhaben gewinnen möchten. Oder wie in meinem Fall – der Kauf notwendiger technischer Hilfsmittel. Entscheiden Sie sich für eine erfolgreiche Wirklichkeit – jetzt!

8

Sie kennen sicher die uralte chinesische Weisheit: „Auch eine Reise von tausend Meilen beginnt mit dem ersten Schritt!“ Es ist dieser erste Schritt, der vielen Menschen so unendlich schwer fällt. Alle unsere Denkblockaden, all unser Misstrauen gegenüber unserem eigenen Erfolg, die Erinnerung an frühere Niederlagen konzentrieren sich auf diesen ersten Schritt. Legen Sie die Angst vor Ihrem eigenen Erfolg ab!

Bleiben Sie nicht im Alltagstrott hängen. Begeben Sie sich auf die alles entscheidende Entdeckungsreise Ihres Lebens. Entdecken Sie Ihr erfolgreiches Ich. Für diese spannende Entdeckungsreise will ich Sie jeden Tag aufs Neue begeistern!

9

Vor einiger Zeit las ich die Geschichte eines Mannes, der beschlossen hatte, über das Golden Gate zu schwimmen. Als er diesen Entschluss seinen Freunden am Tresen einer Bar verkündete, war die Heiterkeit groß, denn er lebte einfach viel zu gut.

Aber von einem Tag auf den anderen war Schluss mit dem Alltagstrott. Er begann mit dem Training. Und das war eine niederschmetternde Erfahrung für ihn! Er erkannte plötzlich den Unterschied zwischen vagen Vorhaben und ernsthaften Entschlüssen. Dennoch – genau an dem Tag, den er sich für dieses scheinbar unerreichbare Ziel gesetzt hatte, schwamm er über das Golden Gate. – Nur Entscheidungen, hinter denen wir mit unserem ganzen Willen, mit unserer ganzen Person stehen, verwandeln sich in greifbare Wirklichkeit.

10

Die meisten Menschen sind sehr daran gewöhnt, ausgeprägte Fähigkeiten und große Leistungen immer nur von anderen zu erwarten. Diese Einstellung verhindert ganz eindeutig ihren eigenen Erfolg.

Vergessen Sie nie die Fähigkeiten, die in Ihnen selbst stecken. Schauen Sie nicht immer nur auf das, was Sie nicht können, sind oder haben. Lenken Sie Ihre Aufmerksamkeit auf Ihre Fähigkeiten.

Nehmen Sie ein Blatt Papier zur Hand und schreiben Sie auf, was Sie an Fähigkeiten besitzen, am besten in drei Kategorien:

1. Was ich ganz besonders gut kann.
2. Worauf ich wirklich stolz bin.
3. Was ich noch lernen möchte.

11

Urteilen Sie nie negativ über sich selbst. Verbannen Sie Gedanken wie: „Das kann ich nicht. Das lerne ich nie. Das schaffe ich nicht!“ Mit dieser Einstellung ziehen Sie nur Misserfolge auf sich. Denken Sie positiv von sich selbst und von Ihren Fähigkeiten.

Das erfordert große Aufmerksamkeit und Disziplin, denn häufig ist es viel einfacher zu sagen: „Das schaffe ich nie!“ als sich anzustrengen und einen Erfolg zu erringen.

Glauben Sie ernsthaft daran, dass Ihnen Ihr Erfolg wirklich zusteht! Dann werden Sie auch andere Menschen von sich überzeugen! Dieses Erfolgsbewusstsein können Sie täglich trainieren – mit vielen kleinen Erfolgen, auch in scheinbar nebensächlichen Dingen.

12

Erfolgsbewusstsein entsteht nicht von selbst. Den wenigsten Menschen wird es in die Wiege gelegt. Richten Sie deshalb Ihr Bewusstsein ganz gezielt auf Erfolg aus. Beginnen Sie jeden Tag damit, Ihr Denken positiv auf Erfolg einzustellen. Stellen Sie sich die Aufgaben vor, die an diesem Tag auf Sie zukommen, und freuen Sie sich darauf, diese Aufgaben erfolgreich zu bewältigen. Lassen Sie sich nicht von negativen Erfahrungen aus der Vergangenheit beeinflussen.

„Heute schaffe ich alles, was ich mir vorgenommen habe!“ Das ist die Einstellung, mit der Sie diesen Tag beginnen und die Sie sich den ganzen Tag über immer wieder ins Bewusstsein rufen werden.

Lassen Sie sich niemals von kleinen Rückschlägen entmutigen. Ein Golfprofi weiß: „Es gibt keine perfekte Runde Golf!“ Wichtig ist, dass Sie am Ende des Tages eine überwiegend positive Bilanz ziehen können.

13

Viele Menschen werden deshalb zu Verlierern, weil sie sich immer an den Dingen orientieren, die in ihrem Leben schief gelaufen sind. Wenn sie das Ziel, das sie sich vorgenommen haben, nicht nach dem zweiten oder dritten Versuch erreichen, stellen sie fest: „Geht nicht!" und geben resigniert auf. Auf diese Weise erfahren sie nie eine der Grundregeln des Lebens: „Erfolge entstehen fast immer aus Misserfolgen, die man überwindet!"

14

Der Weg zu Ihrem Lebensziel liegt in Ihnen selbst. Vertrauen Sie nicht darauf, dass irgendein glücklicher Zufall den Erfolg Ihres Lebens bringt.

Die glücklichen Zufälle kommen erst dann wie von selbst auf Sie zu, wenn Sie anfangen, den Weg zu Ihrem Lebensziel aktiv und mit Begeisterung zu beschreiten. Gehen Sie diesen Weg entschlossen. Nur Sie können diesen Weg finden. Nur Sie können ihn gehen. Sie können Erfolg nur aus sich selbst heraus erschaffen. Dieses wunderbare Gefühl, Erfolg zu haben, kann Ihnen kein anderer vermitteln. Der wichtigste Garant für Ihren Erfolg sind Sie selbst!

Wer auf Erfolg nur wartet, hat ihn beinahe schon verspielt!

15

Ich glaube ganz intensiv daran, dass wir auf dieser Erde sind, um Erfolg zu haben, jeder seinen eigenen, ihm ganz gemäßen. Viele Menschen leben jedoch in dem falschen Glauben, dass andere – die Eltern, der Lebenspartner, der Freundeskreis, die Gesellschaft – für sie irgendeinen Erfolg bewerkstelligen müssten, von dem sie selbst nur eine vage Vorstellung haben. Das sind künstliche Erfolgserwartungen, die das Leben nicht annimmt. Das Leben nimmt nur selbst erarbeiteten Erfolg an, nicht aber geschenkten oder geliehenen Erfolg.

Nur Erfolge, die Sie selbst erarbeitet und erkämpft haben, schenken Ihnen Kraft und Begeisterung.

16

Das wunderbare Gefühl, Erfolg zu erleben, kann Ihnen kein anderer vermitteln. Erfolg ist wie ein Berggipfel, den Sie selbst Schritt für Schritt erklommen haben. Die Freude, ganz oben zu stehen, ist dabei ungleich größer, als wenn Sie sich mit dem Lift haben hochtragen lassen. Dann können Sie zwar auch die herrliche Rundsicht genießen, aber Sie werden nie die tiefe Befriedigung verspüren, die aus der eigenen Leistung erwächst.

Schenken Sie sich deshalb täglich dieses Glück und diese tiefe Freude, die einzig und allein aus der eigenen Leistung entspringen. Und denken Sie immer daran: Die echten Erfolge beginnen in der Regel ganz unten!

17

Erkennen Sie den Unterschied zwischen einer vagen Illusion und einem echten Traum, den Sie mit ganzem Herzen verwirklichen können? Sobald Sie diesen Unterschied verstanden haben, verwandeln Sie sich zusehends in eine völlig neue Persönlichkeit.

Lassen Sie sich dabei nicht von Ihrem gegenwärtigen Zustand und der „realistischen“ Einschätzung Ihrer Möglichkeiten abbringen. Fangen Sie einfach an, sich in Richtung Ihres Lebensziels zu bewegen, und sei es nur in winzigen Schritten. Aber dieser Entschluss verwandelt das Grundmuster Ihres Lebens!

Sie werden überrascht sein, wie viele „Zufälle“ plötzlich auf Sie zukommen, die Sie alle Ihrem Ziel näher bringen. – Wie kommt das? Ganz einfach! Ihre Wahrnehmung hat sich verändert.

18

Kein Mensch ist so stark, als dass er nicht gelegentlich den aufmunternden Zuspruch von anderen bräuchte. Suchen Sie sich deshalb Menschen, die Sie in Ihren positiven Unternehmungen unterstützen! Suchen Sie den Umgang mit Menschen, die Sie in Ihren Zielen, in Ihrem Mut und in Ihrer Ausdauer bestärken. Sie brauchen Menschen in Ihrer Umgebung, die zu Ihnen sagen: „Du schaffst es!", wenn Schwierigkeiten auftauchen!

Meiden Sie den Umgang mit Menschen, die ihre eigene Unzufriedenheit und ihre eigenen Ängste als Gradmesser der Wirklichkeit sehen und die Sie mit ihren negativen Prognosen emotional blockieren wollen!

Verbünden Sie sich mit Menschen, die Ihren Erfolg wollen und die Ihnen immer wieder zurufen: „Nur Mut! Du schaffst es!"

19

Solange Sie noch kein Lebensziel gefunden haben, von dem Sie das wunderbare Gefühl haben: „Ja, das entspricht meiner Persönlichkeit voll und ganz!“, so lange müssen Sie suchen. Warum?

Echten Erfolg gibt es nicht im Franchising-System. Echte Erfolge entstehen niemals als Kopie. Den Weg zu dem Erfolg, der ganz Ihrer Persönlichkeit entspricht, der alle Ihre positiven Fähigkeiten weckt, diesen Weg können nur Sie selbst finden.

Nur mit einem Ziel, das ganz mit Ihrer Persönlichkeit übereinstimmt, werden Sie das Letzte an Leistungsbereitschaft, an Hingabe, an Ausdauer und an Kreativität aus sich herausholen können. Begeben Sie sich auf die Suche nach Ihrem Lebensziel in der Gewissheit: „Ja, ich bin für meinen Erfolg im Leben geboren! Mein Lebensziel zu verwirklichen ist der Sinn meines Daseins!“

20

Sie sind der Mittelpunkt Ihres Lebens! Niemand anderer kann dieses Leben für Sie leben. Von all den Milliarden Menschen, die diesen Erdball bevölkern, hat niemand denselben Fingerabdruck wie Sie. Das genetische Material, das in jeder Ihrer Körperzellen vorhanden ist, ist unwiederholbar und einmalig. Genauso einmalig und unwiederholbar ist die Anlage Ihrer Fähigkeiten. – Was bedeutet das? – Nur Sie können die einmaligen Möglichkeiten Ihres Lebens verwirklichen. Aus der Einmaligkeit Ihrer Talente erwächst eine große Verpflichtung zum Erfolg!

Deshalb setzt Ihr Traum von Glück, Erfolg und Reichtum voraus, dass Sie die ehrliche Suche nach Ihrem wahren Ich antreten.

Erst wenn Sie vor dem Spiegel stehen und erkennen: „Ja, das bin ich!“, wird Ihr Erfolg größer werden, als Sie es sich je erträumt haben. Sie werden diesen Wendepunkt in Ihrem Leben früher oder später erreichen!

21

Die Suche nach Ihrem eigenen, wahren Ich kann lange dauern. Auch ich habe mein ganzes bisheriges Leben gebraucht, um der zu werden, der ich heute bin. Und ich spüre jeden Tag, dass ich mit der Entwicklung meiner Persönlichkeit noch lange nicht am Ende bin.

Übernehmen Sie voll und ganz die Verantwortung für die Entwicklung Ihrer Persönlichkeit. Lassen Sie es sich nie nehmen, die Persönlichkeit zu sein, die Sie sind, und die Persönlichkeit zu werden, die Sie sein können. Arbeiten Sie täglich an der Entwicklung Ihrer Persönlichkeit.

Fühlen Sie täglich den Pulsschlag Ihres Lebens und fragen Sie sich jeden Abend: „Was habe ich heute dazugelernt? Was habe ich heute besser gemacht als gestern? Bin ich stehen geblieben oder bin ich einen kleinen Schritt vorwärts gekommen? Habe ich bewusst gelebt oder habe ich diesen Tag nur im Trott meiner Gewohnheiten verbracht?“

Entscheiden Sie sich jeden Tag für ein ganz bewusstes Leben!

22

Wie intensiv Sie die Suche nach Ihrem ganz persönlichen Lebensziel durchführen und die Lösung Ihrer Probleme in Angriff nehmen, sagt alles über die Entschlossenheit, mit der Sie Ihr einmal ins Auge gefasstes Ziel ansteuern. Zu dieser Entschlossenheit gehört auch, dass Sie sich ganz offen und ehrlich Ihren Niederlagen stellen. Gerade wenn Sie Erfolg haben wollen, dürfen Sie die Niederlagen aus Ihrem Denken nicht ausklammern. Stellen Sie ehrliche Fragen an Ihre Niederlagen und geben Sie sich ehrliche Antworten.

Unsere Niederlagen sind die wichtigsten Wegweiser für unser geistiges Wachstum. Ich sage ganz bewusst „unsere Niederlagen“, denn jeder Mensch erfährt die Niederlagen, die aus seinem Denken und Handeln entspringen. Unsere Niederlagen tragen gleichsam den Fingerabdruck unseres Denkens. Deshalb heißt positiv denken: „Wie kann ich die Ursachen für meine Niederlagen beseitigen?“

23

Finden Sie zu einer neuen, positiven Perspektive für Ihre Niederlagen. Bleiben Sie nie stehen beim Jammern und Grübeln.

Warum ist das so wichtig? – Wenn Sie die Lebensläufe erfolgreicher Menschen betrachten, werden Sie feststellen, dass die meisten großen Karrieren nach niederschmetternden persönlichen Katastrophen begannen. Es ist, als stellte das Schicksal den Menschen ein Bein, um sie zu testen, ob sie die Kraft haben, wieder aufzustehen. Deshalb dürfen auch Sie nie bei Niederlagen stehen bleiben.

Einer der wichtigsten Grundsätze Ihres Lebens muss sein: „Ich werde nie, nie, nie aufgeben! Solange Sie an sich glauben, haben Sie alle Chancen im Leben.

24

Erfolg entsteht niemals durch Zufall, sondern aus dem richtigen Denken heraus. Sagen Sie deshalb nie, wenn Sie eine Niederlage erleben: „Ich kann mich anstrengen wie ich will, ich habe einfach kein Glück!“ Stellen Sie die richtigen Fragen. Dann werden Niederlagen zu wichtigen Wegweisern für Ihren Erfolg.

Die richtigen Fragen lauten: „Was muss ich an meinen Plänen verändern? Was kann ich an meinem Verhalten noch verbessern? Was muss ich noch lernen, um das nächste Mal besser reagieren zu können? Wie kann ich andere Menschen dazu motivieren, meine Ziele und meine Pläne zu unterstützen?“

Erfolg stellt sich nur ein, wenn Sie Ihrem Denken eine Erfolg versprechende Richtung weisen und niemals aufgeben!

25

Was tun Sie, wenn Sie Hunger oder Durst verspüren? Sie sehen zu, dass Sie so schnell wie möglich etwas zu essen oder zu trinken bekommen. Je stärker Ihr Hunger oder Ihr Durst ist, desto stärker ist Ihr ganzes Handeln darauf ausgerichtet, dieses körperliche Bedürfnis zu befriedigen.

Wie steht es im Vergleich dazu mit Ihrem Hunger nach Erfolg, nach Verwirklichung Ihrer Ziele, nach der intensiven Erfahrung des Glücks?

Wecken Sie in sich den Hunger nach Ihrem Lebenserfolg. Warten Sie nicht länger darauf, dass sich Erfolg von selbst einstellt oder dass Ihnen ein glücklicher Zufall alle Ihre Wünsche und Träume erfüllen wird.

Werfen Sie alle Ausreden, mit denen Sie bisher Ihr „Nichthandeln“ vor sich und vor anderen entschuldigt haben, über Bord. Genehmigen Sie sich keinen Handlungsaufschub mehr. Beginnen Sie mit einem kleinen Erfolg – heute, noch besser jetzt!

26

Fragen Sie sich jeden Tag: „Was hält mich noch davon ab, die ganze Bandbreite meiner Fähigkeiten, meiner Kraft und meiner Persönlichkeit voll zur Geltung zu bringen?“ Dabei werden Sie vermutlich auf viele Ausreden und Ausflüchte stoßen, die Sie sich im Lauf der Jahre zurechtgelegt haben. Eine der häufigsten Ausreden, die ich kenne, lautet: „Ja, wenn mir das Leben andere Voraussetzungen mitgegeben hätte!“

Gehen Sie ehrlich mit Ihren eigenen Ausreden um. Vergleichen Sie Ihre Startbedingungen mit denen vieler Menschen, die sich ihren Erfolg erkämpft haben. Und Sie werden feststellen, dass kein Tal so tief ist, als dass man nicht den Aufstieg beginnen könnte.

27

Nähren und entwickeln Sie Ihr Erfolgsbewusstsein mit täglichen kleinen Erfolgen. Beginnen Sie mit diesen kleinen Erfolgen bei sich selbst. Wenn Sie sich vorgenommen haben: „Heute stehe ich um sechs Uhr auf!“ oder „Heute erledige ich eine Arbeit, die ich schon lange vor mir herschiebe!“, dann ist es ein herrliches Erfolgsgefühl, wenn Sie am Abend bei Ihrem Tagesrückblick feststellen können: „Ja, das habe ich wirklich geschafft!“

Seien Sie sich darüber im Klaren, dass Sie in diesen scheinbar kleinen Dingen über Erfolg oder Misserfolg in Ihrem Leben entscheiden. Die Zuverlässigkeit, mit der Sie sich an Ihre eigenen Vorgaben halten, wird zu einer Gewohnheit, die sich auch auf Ihre großen Ziele überträgt.

Sagen Sie, was Sie denken. Tun Sie, was Sie sagen und stehen Sie mit Ihren Gefühlen hinter dem, was Sie tun!

28

Viele Menschen sind allzu schnell bereit zu sagen: „Das geht nicht! Das kann ich nicht! Das schaffe ich nie!“ Ist es da ein Wunder, wenn diese Menschen schon an den geringsten Schwierigkeiten scheitern? Mit dieser Einstellung häufen sie einen kleinen Misserfolg auf den anderen. Diese Sätze bedeuten nämlich nichts anderes als „Ich bin nicht wirklich motiviert. Es ist mir egal, ob ich mein Ziel erreiche oder nicht!“ Ja, diese Sätze bedeuten sogar: „Es ist mir egal, was mit meinem Leben passiert!“

Sie dagegen haben sich dafür entschieden, dass Ihr Leben von Erfolg, von Freude und von Glück regiert wird, auch in kleinen Dingen. Deshalb müssen Sie sich auch in kleinen Dingen für Erfolg mit der festen Überzeugung motivieren: „Das schaffe ich!“ Ja, Sie schaffen es!

29

Wenn Sie Ihr Leben entscheidend verändern und verbessern wollen, müssen Sie durch und durch erfolgsbewusst werden. Das heißt nicht „Ich will Erfolg um jeden Preis!“, sondern „Ich nehme nie mehr leichtfertig Misserfolge hin!“

Das kann große Anforderungen an Ihre Überzeugungskraft stellen. Akzeptieren Sie ein Nein oder eine negative Einstellung von anderen Menschen einfach nicht mehr ohne weiteres.

Schon wenn Sie ganz freundlich fragen, warum Ihr Wunsch nicht erfüllt werden kann, gerät Ihr Gegenüber in Erklärungsschwierigkeiten und Sie bekommen Anhaltspunkte, wo Sie doch noch etwas zum Positiven hin verändern können.

Nehmen Sie ein Nein niemals persönlich, sondern sehen Sie es als Herausforderung an Ihren Charme, Ihre persönliche Ausstrahlung und an Ihr unerschütterliches Erfolgsbewusstsein.

30

Ihre Möglichkeiten sind immer größer als das, was Sie daraus machen. Sie besitzen ein ungeheuer großes Potenzial an Fähigkeiten, an Kreativität und an Energie. Fangen Sie an, dieses Potenzial von Tag zu Tag besser zu aktivieren. Bleiben Sie niemals bei einer Niederlage oder einer Lebenskrise stehen. Wechseln Sie die Perspektive in Bezug auf Ihr Leben! Verändern Sie die Einstellung zu sich selbst. Nehmen Sie immer wieder die Liste Ihrer Fähigkeiten und positiven Eigenschaften zur Hand.

Begeistern Sie sich für Ihren Wandel zu einer erfolgreichen Persönlichkeit. Seien Sie stolz auf alles, was Sie an Fähigkeiten mitbringen. Bekennen Sie sich zum Wandel hin zu ehrlichem Erfolg, zu Ihrem Glück und Ihrem inneren Reichtum.

31

Ich bin zutiefst davon überzeugt, dass der Erfolg, den ich in meinem Leben verbuchen konnte, kein unwiederholbarer Einzelfall ist. Mein Erfolg begann auch nicht mit einem glücklichen Zufall, ganz im Gegenteil. Mein Erfolg nahm seinen Ausgang am absoluten Tiefstpunkt meines Lebens: Ich hatte meinen Arbeitsplatz verloren. Meine Familie war auseinandergebrochen. Ich hatte drückende Schulden. Ich sah nur noch einen schwarzen Tunnel vor mir.

An diesem Punkt besann ich mich darauf, was ich am besten kann und was mir am meisten Freude bereitet. Mit dieser Erkenntnis wählte ich mir mein Ziel, und mit diesem Ziel vor Augen begann ich meinen oft zermürbenden Kampf um eine bessere Zukunft.

32

Was schleppen Menschen nicht an tief sitzender Unzufriedenheit mit sich herum! Sie sind unzufrieden mit einem Beruf, der sie nicht ausfüllt, mit ihrem Einkommen, das ihnen zu niedrig erscheint, und sie sind unzufrieden mit den Menschen, mit denen sie zusammenleben. Aber in erster Linie sind sie unzufrieden mit sich selbst, weil sie den Eindruck haben, dass ihr Leben weit hinter dem zurückbleibt, wie es idealerweise sein könnte.

Wenn auch Sie diese Unzufriedenheit in Ihrem Alltag spüren, gibt es nur einen Rat: Brechen Sie auf!

Wenn Sie eine deutliche Verbesserung Ihrer Lebenssituation erreichen wollen, müssen Sie diesen Schritt wagen. Unzufriedenheit kostet Kraft. Zielloses Warten verschlimmert nur die Unzufriedenheit. Nehmen Sie die Unzufriedenheit mit Ihren Lebensumständen zum Anlass und brechen Sie auf!

33

Wenn Sie aufbrechen wollen, wenn Sie die Unzufriedenheit hinter sich lassen wollen, brauchen Sie vor allem eines – ein Ziel! Wenn Sie nämlich ohne ein Ziel aufbrechen, können Sie niemals dort ankommen, wo Sie zu sein wünschen. Und Sie werden alle Probleme, mit denen Sie bisher zu kämpfen hatten, hinter sich herschleppen.

Nehmen Sie deshalb diesen Start in ein neues Leben, diesen Aufbruch zu einem echten Lebensziel, zu Ihrem Lebensziel keinesfalls leicht.

Der Aufbruch zu Ihrem Lebensziel bedeutet, dass Sie alles, was Sie in Ihrem bisherigen Leben klaglos hingenommen, widerwillig ertragen oder unentschlossen vor sich hergeschoben haben, mutig und entschlossen verändern müssen.

34

Der Wunsch nach Aufbruch, nach einer deutlichen Verbesserung Ihres Lebens, stellt Ihnen eine Reihe von Fragen: „Wer bin ich? – Was habe ich? – Wo stehe ich heute?“ Erst wenn Sie diese Fragen offen, ehrlich und schonungslos beantwortet haben, werden Sie die richtige Antwort auf die wichtigste Frage finden: „Wo möchte ich hin?“

Diese Frage ist alles andere als materialistisch. Sie bedeutet nicht: „Was möchte ich alles besitzen?“, sondern „Welche Persönlichkeit möchte ich werden?“

Sie müssen bereit sein, Ihre persönlichen Kuschelecken zu verlassen, in die Sie sich aus Angst vor echten Veränderungen geflüchtet haben. Aufbruch heißt für Sie: „Ich habe mich einem hoch gesteckten Ziel verschrieben!“

35

Wenn Sie sich aus ganzem Herzen zu Ihrem persönlichen Aufbruch entschlossen haben, werden Sie vieles von dem mitnehmen, was bisher in Ihrem Leben gut und wichtig war. Aber Sie werden nie wieder in Ihre „alte Welt der kuscheligen Unzufriedenheit" zurückkehren.

Seien Sie bereit, sich ganz neuen Herausforderungen zu stellen! Herausforderungen, deren Ausgang nicht von vornherein feststeht. Unerschütterliche Risikobereitschaft statt zögerlichen Abwartens, totaler Einsatz, der einhergeht mit großer Motivationskraft, und Intuition werden die entscheidenden Weichen in Ihrem Leben stellen.

Dieser Aufbruch wird Sie in einem ganz neuen Glauben bestärken – in Ihrem Glauben an sich selbst und an Ihre Ziele.

36

Mal ehrlich – wie oft in Ihrem bisherigen Leben haben Sie schon beschlossen: „Ab sofort wird alles anders!" Aber nach kurzer Zeit sind Sie doch wieder den alten Zwängen, den alten Gewohnheiten und der alten Ziellosigkeit verfallen! Oder haben Sie einfach die Ziele gewechselt, wenn sich herausstellte, dass Schwierigkeiten auftraten?

Der wirkliche Aufbruch in Ihr neues Leben ist deshalb eine so ernste Sache und von so großer Tragweite für Ihre Zukunft, dass Sie einen Vertrag mit sich und mit Ihrem Lebensziel abschließen sollten.

Große Ziele lassen sich oft in einem einzigen Satz festlegen. Schreiben Sie diesen Satz nieder, tragen Sie ihn ständig bei sich und lesen Sie ihn jeden Tag mehrmals.

37

Schreiben Sie Ihren Vertrag für Erfolg sinngemäß in folgenden Worten: „Mein Lebensziel ist es .... Ich weiß, dass ich fähig bin, dieses Ziel zu erreichen. Ich glaube daran, dass ich meine Pläne in greifbare Wirklichkeit verwandeln werde. Deshalb werde ich täglich an meiner Persönlichkeit und vor allem an meinem Selbstvertrauen arbeiten, um dieses Ziel zu erreichen. Ab sofort übernehme ich die alleinige Verantwortung für mein Leben. Ich werde mein ganzes Können, alle meine Fähigkeiten, meine ganze Kreativität und meine Intuition dafür einsetzen, dieses Ziel zu erreichen. Ich verpflichte mich zu Selbstdisziplin und Leistungsbereitschaft. Ich werde nichts unternehmen, was anderen Menschen schadet. Vielmehr werde ich meine Erfolge dadurch erzielen, dass ich auch anderen Menschen zu Erfolg verhelfe."

38

Es ist ganz wichtig, dass Sie sich klarmachen: „Dauerhafte Erfolge erzielt man nicht dadurch, dass man immer nur denkt „ich, ich, ich“. Egoismus führt nur zu sehr vordergründigen Erfolgen. Erfolgreiche Menschen gehen weg von diesem Ich und gehen auf das Wir zu.

Das wurzelt in der Erkenntnis, dass jeder Mensch zum Erfolg immer auch ein Umfeld braucht. Kein Mensch ist erfolgreich, indem er sich nur auf sich selbst konzentriert. Erfolg entsteht immer in einem lebendigen Austausch mit anderen Menschen. Gehen Sie aus sich heraus. Tauschen Sie sich aus! Suchen Sie die Gemeinschaft der Erfolgreichen, die nicht zuletzt darin besteht, sich gegenseitig zu unterstützen.

39

Suchen Sie Gespräche mit erfolgreichen Menschen! Nicht, um sie oberflächlich zu bewundern, sie nachzuahmen oder gar um ihren Erfolg zu beneiden. Sie können in Begegnungen mit erfolgreichen Menschen vor allem erkennen, wo derzeit Ihre eigenen Grenzen liegen und wie Sie diese verändern können.

Je mehr erfolgreiche Menschen Sie kennenlernen, desto stärker wird Ihnen bewusst werden: Nennenswerte Erfolge entstehen immer durch Menschen, die ständig daran arbeiten, noch nie da gewesene Lösungen zu finden, die die Grenzen der herrschenden Meinungen überschreiten und die über die Grenzen ihres eigenen Denkens und ihrer eigenen Leistungsfähigkeit hinausgehen.

40

Sie haben Ihr Ziel gefunden und Sie wissen vor allem eines: „Sie haben die Fähigkeit, dieses Ziel zu erreichen!“ Nun bleibt die große Frage: „Wie stark ist Ihr Wille, dieses Ziel zu erreichen? Wie stark ist Ihr Ehrgeiz, über sich selbst hinauszuwachsen?“ – Besitzen Sie schon die Einstellung: „Ich werde mein Ziel erreichen, weil ich unter keinen Umständen vorher aufgebe. Ich werde alles lernen, was mir an Kenntnissen noch fehlt, um es zu erreichen. Ich komme meinem Ziel jeden Tag ein bisschen näher, weil ich bei allen Aufgaben, die sich mir stellen, mein Bestes gebe!“

Das sind sehr wichtige Sätze für Ihre Zukunft, die Sie täglich wiederholen müssen. Denn Sie haben die Fähigkeit, über Ihr derzeitiges Ich hinauszuwachsen!

41

In puncto Willenskraft, Ehrgeiz und Begeisterung für Erfolg gibt es große Abstufungen. Bewerten Sie ganz für sich alleine auf einer Skala von eins bis zehn, wie hoch Sie bei sich selbst Willenskraft, Ehrgeiz und Begeisterung ansetzen. Die Toppmarke bedeutet: „Ich bin mit allem, was ich tue, darauf eingestellt, immer mein Bestes zu geben!"

Darauf können Sie sich programmieren. Jedes Projekt, das Sie annehmen, jede Verhandlung, in die Sie hineingehen, jedes Gespräch, das Sie führen, ist eine Herausforderung an Ihre Entschlossenheit, Ihr Lebensglück zu verwirklichen!

42

Wir treffen viel häufiger Entscheidungen, die den Erfolg unseres Lebens berühren, als wir uns dessen bewusst sind. Seien Sie sich deshalb darüber im Klaren, dass jede Ihrer Entscheidungen in irgendeiner Weise Ihr Leben berührt – und sei es nur, der Versuchung nachzugeben, mit einer Arbeit aufzuhören, ehe sie beendet ist. Nehmen Sie nichts, was Sie tun, auf die leichte Schulter. Seien Sie in keiner Ihrer Handlungen gleichgültig, was deren Ausgang anbelangt.

Diese Aufforderung mögen Sie für übertrieben halten, aber Sie müssen sich eines vor Augen führen: Der Punkt, an dem Sie heute stehen, ist das Ergebnis aller Ihrer bisherigen Entscheidungen oder Nichtentscheidungen.

Verändern Sie in diesem Bewusstsein Ihr Denken und Handeln – mit Motivation und Begeisterung!

43

Was ist der Grund für viele Menschen, sich nicht zu entscheiden? – Es ist die Angst! Angst vor Versagen, Angst vor Kritik, Angst vor Verlust von Anerkennung, Zuneigung und Liebe. Wer aber Angst hat, übernimmt keine Verantwortung mehr für sein Leben. – Warum? – Weil *Ver-ant-wort-ung* übernehmen bedeutet, Antwort geben auf Fragen, die der Alltag, der Beruf, die Lebenspartner an einen stellen.

Diese Antworten müssen Sie aber geben – in allen Bereichen Ihres Lebens – im Beruf, in der Familie, im Freundeskreis, in der Freizeit. Das erfordert Mut. Aber seien Sie ganz sicher: Je mehr Sie an Zuversicht gewinnen, desto geringer wird die Angst.

Nehmen Sie sich deshalb für diesen heutigen Tag vor: Ich werde unangenehmen Entscheidungen nicht aus dem Weg gehen und sie keinesfalls anderen überlassen!

44

Überschreiten Sie die Grenzen Ihrer Angst vor unangenehmen Entscheidungen! Das kann zu einer Ihrer wichtigsten „Grenzüberschreitungen“ werden. Sehr häufig bedeutet die Überwindung der Angst nämlich, dass Sie die Scham über vergangene Niederlagen ablegen müssen, dass Sie tief sitzende Beklemmungen über Ihre derzeitige Lebenssituation und vor allem Unsicherheit und Zweifel hinsichtlich Ihrer Zukunft überwinden müssen.

Ich weiß aus eigener bitterer Erfahrung, dass es Lebenssituationen gibt, die lähmende Angst und Unsicherheit erzeugen. Aber ich weiß auch, dass man diese Lebenssituationen zum Guten verändern kann, sobald man aus der Dunkelkammer seiner Seele heraustritt und mutige Entscheidungen trifft. Begehen Sie nicht den Fehler, aus Angst vor Fehlern keine Entscheidung zu treffen.

Entscheiden Sie sich gegen die Angst!

45

Menschen, die nicht den Mut aufbringen, mit Begeisterung dem Wegweiser des positiven Denkens zu folgen, müssen ihrer Angst und ihrem negativen Denken einen hohen Tribut zahlen. Dieser Tribut kostet sie alles, was sie in ihrem Leben erreichen könnten.

Lassen Sie deshalb Ihr Denken unter keinen Umständen von der Angst regieren – auch wenn die Versuchung noch so groß ist, unangenehme Briefe gar nicht erst zu öffnen oder notwendige Gespräche vor sich herzuschieben. – Warum ist es so wichtig, diese lähmenden Geisteszustände zu überwinden? Ganz einfach – weil der Mangel an Mut ein ganzes Leben voll Glück und Erfüllung kosten kann.

Überwinden Sie die Angst. Begeistern Sie sich für den Erfolg in Ihrem Leben.

46

Die unüberwindlichsten Hürden, die Menschen oft zwischen sich und ihr Lebensglück bauen, sind die unsichtbaren Mauern, mit denen sie sich umgeben. Vor allem, nachdem sie Niederlagen oder Enttäuschungen erlebt haben. Manche Menschen scheinen auf diese Mauern auch noch in Großbuchstaben zu schreiben: „Ich lasse niemanden an mich ran!"

Diese Mauern können Sie sehr leicht zum Einsturz bringen – mit einem Mittel, das besser wirkt als die Trompeten von Jericho – mit einem Lächeln! Probieren Sie es aus!

Ein offenes und ehrlich gemeintes Lächeln, das Sympathie ausdrückt, durchdringt mühelos das dickste Panzerglas und oft auch die schroffe Abwehrhaltung von Menschen, die Ihren Erfolg verhindern wollen.

47

Ich lebe in der festen Überzeugung, dass wir die Kluft zwischen dem, was wir sind, und dem, was in uns angelegt ist, überwinden können, wenn wir uns mit ehrlicher Begeisterung zu den Tugenden Mut, Ehrlichkeit, Gerechtigkeit, Disziplin und Fleiß bekennen.

Dazu gehört es auch, dass wir uns unsere Fehler eingestehen, damit wir nicht gezwungen sind, sie bis an unser Lebensende zu wiederholen.

Seien Sie bei dieser „Grenzüberschreitung" so mutig und ehrlich, sich einzugestehen, was Sie selbst falsch gemacht haben. Erst dann werden Sie frei werden und ein Leben führen können, das Ihren ureigensten Vorstellungen entspricht. Geben Sie Ihrem Leben die positive Richtung, für die es von Gott aus bestimmt ist.

48

Unsere Welt steckt voll von Reichtümern, die nicht mehr kosten, als dass wir unsere Hand danach ausstrecken – nach der Hand eines Menschen, den wir lieben, nach dem seidigen Fell einer Katze, den samtenen Nüstern eines Fohlens, nach dem silbrigen Glitzern eines kühlen Baches, der durch eine Sommerwiese plätschert.

Ja, öffnen Sie Ihre fünf Sinne für die wahren Wunder, mit denen unser Leben reich gesegnet ist, für das fröhliche Lachen eines Kindes, für die wunderbare Melodie eines Vogels, der den Tag begrüßt, für den reifen Duft eines Kornfeldes, über das der Wind streift ...! Werden Sie Schatzsucher in Ihrem Leben, denn der größte Reichtum liegt in uns selbst, wenn wir unser Denken und Empfinden für die Wunder des Kosmos und unseres Menschseins aufschließen.

49

Erkennen Sie den Augenblick der Entscheidung! Sie können in jedem Augenblick darüber entscheiden, ob Sie Ihr Leben von negativen Gefühlen und Gedanken leiten lassen, ob Sie sich von einem scheinbar unausweichlichen Schicksal und einer vermeintlich von anderen auferlegten Chancenlosigkeit beeinträchtigen lassen oder ob Sie sich für Ihren persönlichen Aufstieg entscheiden!

Stoßen Sie die Tür auf, die zu einem ehrlichen, dauerhaften und in Ihrer Person begründeten Erfolg führt. Bestimmen Sie selbst, wer für Ihr Leben die volle Verantwortung trägt. Dafür gibt es nur einen einzigen Menschen, den Sie besser kennen als irgendjemand anderer: Es sind ausschließlich Sie selbst. Glauben Sie mir, das Haus des Erfolgs hat für jeden Menschen eine Tür!

50

Sie können an jedem Tag, zu jeder Stunde, mit jedem Atemzug damit beginnen, Ihr Leben in Richtung Erfolg zu verändern und Ihre Zukunft selbst zu bestimmen. Entscheiden Sie sich für Ihr Leben, für Ihr Glück, für Ihren Erfolg – jetzt!

Diese Entscheidung, die Sie jeden Tag neu untermauern müssen, wird Ihre Lebenssituation grundlegend verändern. Daran gibt es keinen Zweifel, auch wenn rein äußerlich Ihre Probleme noch dieselben sind wie vorher.

Es ist ein himmelweiter Unterschied, ob Sie nur darauf schauen, was bisher in Ihrem Leben schief gelaufen ist, oder ob Sie fest daran glauben, dass Sie den Schlüssel zu einem selbstbestimmten, gesunden und reichen Leben selbst in Händen halten. Es gibt einen guten Grund dafür, dass Sie sich heute für Ihr Lebensglück entscheiden – morgen ist dieses Heute unwiederbringlich vorbei!

51

Wir alle machen es uns nur zu gern bequem im gewohnten Ablauf unseres Lebens. Unser großes Bestreben ist: Bitte ja nichts verändern! Und tatsächlich, es verändert sich nichts. Unsere Sorgen bleiben uns erhalten und unsere Träume bleiben Träume! Aber Träume, die wir nicht in Wirklichkeit zu verwandeln versuchen, werden leicht zu Lebenslügen. Das dürfen Sie für Ihr Leben nicht zulassen.

Begeben Sie sich auf den steinigen Weg der Realität. Steigern Sie Ihre Sehnsucht nach Erfüllung und Lebensglück. Lernen Sie, wie Sie mit der Zeit alle leistungs- und erfolgshemmenden Geisteshaltungen ablegen und sich stetig Ihrem Lebensziel nähern können. Es gibt für jeden Menschen nur eine Wirklichkeit – die, die er mit seinem Denken, Fühlen und Handeln gestaltet!

Schreiben Sie daher ein neues Programm für Ihr Denken!

52

Welche Einstellung haben Sie zu Ihren Träumen? Haben Sie überhaupt einen echten Lebenstraum? Oder haben Sie nur vage Wunschträume, die ohne Beziehung zu Ihrem Alltag, zu Ihren Möglichkeiten und zu Ihrer Person neben Ihrem oft unbefriedigenden Alltag herlaufen?

Wenn Letzteres zutrifft, dann rufe ich Ihnen heute zu: Entwerfen Sie für sich einen ganz großen Lebenstraum! Gehen Sie in die Stille. Horchen Sie in sich hinein und vertrauen Sie auf Ihre Fantasie und Ihre Intuition. Fragen Sie Ihr Herz, Ihr Unterbewusstsein, Ihr Bauchgefühl: Was ist der Traum meines Lebens? Und glauben Sie unverrückbar an die Möglichkeit seiner Verwirklichung!

53

Es gibt so viele Menschen, die in einem wahren Begeisterungstaumel den Erfolgen anderer zujubeln – weil sie sich eigene Erfolge gar nicht vorstellen können. Das ist eine Frage des „Selbst-Bewusstseins“. Dieses „Selbst-Bewusstsein“ müssen wir in ein „Erfolgs-Bewusstsein“ verwandeln.

Denn worauf beruht unsere ganze Hoffnung auf eine entscheidende Verbesserung unserer gegenwärtigen Wirklichkeit? Doch auf dem Wissen, dass wir Menschen unsere Wirklichkeit durch unsere Gedanken verändern und gestalten können.

Sobald wir anfangen, über diese Wirklichkeit nachzudenken, in deren Mittelpunkt wir mit unserem Körper, mit unserem Geist und mit unseren Gefühlen stehen, spüren wir, dass die Grenzen dieser Wirklichkeit nicht nur fließend, sondern formbar sind.

Formen Sie Ihr Leben, indem Sie Ihr Selbst-Bewusstsein stärken – begeistern Sie sich für Ihren Erfolg.

54

Die Veränderung der Wirklichkeit beginnt mit einer Idee. Wir sind umgeben von Wirklichkeiten, die als Idee begannen. Das Auto, das Telefon, das Radio, der Fernseher, die Satelliten, der Computer und das 8. Weltwunder, das Internet – alle diese Dinge begannen als Ideen, die von Menschen umgesetzt wurden.

Begeben Sie sich auf die Suche nach einer Idee, mit der Sie zunächst Ihr eigenes Leben grundlegend verändern und verbessern können. Und lassen Sie sich nicht von den Spöttern oder Bedenkenträgern abhalten. Neue Ideen werden immer nur so lange verlacht, bis sie sich durchgesetzt haben!

55

Vielen Menschen genügte die Umsetzung einer einzigen Idee, um unermesslich reich zu werden. Andere, wie der große amerikanische Erfinder Thomas Alva Edison, hatten Tausende von Ideen. Edison hatte an die zehntausend Ideen, wie eine Glühlampe funktionieren könnte. Eine einzige erwies sich als richtig. Aber auf diese einzig richtige Idee kam er nur, weil er alle anderen mit ungeheurem Fleiß, mit unvorstellbarer Ausdauer und Zähigkeit umzusetzen versuchte.

Ziehen Sie aus diesem Beispiel den einzig richtigen Schluss für Ihre Zukunft. Ideen allein machen nicht reich. Fleiß ohne Ideen ebenfalls nicht. Erst wenn Sie Ihre Ideen – oder auch nur eine einzige – mit unermüdlichem Fleiß in Wirklichkeit verwandeln, verwandelt sich auch Ihre Wirklichkeit – in Ihren lang gehegten Traum! Ideen sind Samenkörner, die sich nur entfalten, wenn wir sie täglich mit dem Schweiß unseres Angesichts gießen!

56

Erfolgreiche Menschen haben immer Träume, die zumindest ein wenig größer sind als das, was sie bereits erreicht haben. Diese Träume, Vorstellungen oder Visionen verbinden sie mit dem festen Willen, sie in sichtbare und greifbare Wirklichkeit zu verwandeln.

Solange wir nur vage hoffen, irgendwie über die Runden zu kommen, werden wir bestenfalls auch nur irgendwie ein Auskommen finden. Warum? – Weil von einer derartigen Hoffnung keinerlei Begeisterung ausgehen kann.

Deshalb möchte ich Ihnen ans Herz legen: Träumen Sie Ihren großen Traum von Erfolg, von Wohlstand und Lebensglück. Begeistern Sie sich für eine große Vision Ihres Lebens. Begeistern Sie sich für das Ziel, auf Ihrem Gebiet ein ganz Großer zu werden.

Und bedenken Sie: Visionen werden Wirklichkeit – wenn sie groß genug sind, dass wir uns für sie begeistern können!

57

Prüfen Sie mal ehrlich Ihre Einstellung zu sich selbst. Sind Sie mit Ihrer ganzen Person davon überzeugt, dass Sie auf dem Gebiet, dem Ihr ganzes Interesse gilt, auch wirklich Großes schaffen können?

Ich habe leider immer wieder die Erfahrung gemacht, dass die Erfolglosigkeit der meisten Menschen nicht an mangelnder Begabung, sondern an mangelndem Selbstvertrauen liegt. Sie betrachten große Leistungen immer vom Ende her – den weltberühmten Star, den millionenschweren „global player", den gefeierten Staatsmann. Das Ergebnis dieser Betrachtung lautet dann: „Das schaffe ich nie!"

Sehen Sie sich die Anfänge dieser „unglaublichen" Karrieren an. Die meisten begannen ganz unten, nach großen Niederlagen oder auch nach jahrelangem Kampf ums bloße Überleben. Was bedeutet diese Tatsache für Sie und Ihre Vision einer erfolgreichen Zukunft?

58

Wir werden in den seltensten Fällen dazu erzogen, Großes zu leisten. Ganz im Gegenteil! Wenn Kinder von großen Leistungen träumen, bekommen sie in der Regel zu hören: „Nun bleib mal schön auf dem Teppich! Das ist doch gar nicht möglich. Das schaffst du nie. Du doch nicht!"

Deshalb ist es für Sie und für Ihren Erfolg äußerst wichtig, dass Sie täglich in sich den Glauben wachsen lassen: „Ja, auch ich kann Großes schaffen!" Lernen Sie an sich selbst zu glauben – auch wenn alle Menschen um Sie herum Ihre Wünsche, Träume und Pläne für verrückt halten.

Der Unterschied zwischen einem erfüllten Leben und dem gerade noch erträglichen Durchschnitt liegt einzig und allein im Glauben an die eigenen Möglichkeiten und Fähigkeiten!

59

Sie befinden sich zurzeit an einem Tiefpunkt Ihres Lebens? Sie denken, Sie haben nichts mehr zu verlieren? – Jammern Sie nicht! Nehmen Sie diesen Zustand als Chance. Er macht Sie in gewisser Weise frei.

Menschen, die noch ein Weniges zu verlieren haben, klammern sich an dieses Wenige. Damit lassen sie zu, dass dieses Wenige sie von großen Erfolgen abhält. Menschen, die dagegen alles verloren haben, finden in dieser Situation die Kraft, die Freiheit und die Notwendigkeit, ihrem Leben eine ganz neue Richtung und einen ganz neuen Sinn zu geben!

Wagen Sie den großen Sprung in eine erfolgreiche Zukunft, denn wer nichts mehr zu verlieren hat, hat oft die größten Chancen, alles zu gewinnen!

60

Geben Sie Ihren großen Träumen Zeit zu wachsen! Der Wunsch nach schnellen Erfolgen ist häufig das Ende großer Träume. Motivation ist das Gegenteil von Strohfeuer. Motivation bedeutet Mut zu großen Zielen und erfordert Ausdauer bei der Überwindung von Hindernissen. Sie steht hinter der Entschlusskraft im richtigen Augenblick und der Disziplin, sich nicht auf Teilerfolgen auszuruhen. Dazu gehört auch die Ehrlichkeit, keine falschen Gewinne auf sein Erfolgskonto zu buchen. Die Kreativität für bahnbrechende Ideen braucht einen langen Atem und das Selbstvertrauen, jede neue Herausforderung mit Freude anzunehmen.

Sich Zeit geben für die Verwirklichung eines Traumes ist etwas ganz anderes, als ihn auf die lange Bank zu schieben – und ihn nach einiger Zeit einfach zu vergessen. Große Träume brauchen einen langen Atem bis zu ihrer Verwirklichung.

61

Was tun Sie, wenn Sie im Rückblick auf Ihr bisheriges Leben feststellen müssen, dass Sie weit davon entfernt sind, das glückliche und erfüllte Leben zu führen, das Sie hätten führen können, wenn es Ihnen gelungen wäre, all Ihre Kräfte zu bündeln und Ihren Fähigkeiten zum Durchbruch zu verhelfen?

Verschwenden Sie nicht länger Zeit darauf, bis in alle Details zu ergründen, wer die Schuld an diesem verpassten Leben haben könnte. Das führt nur in die Dunkelkammer des Grübelns. Akzeptieren Sie die Tatsache, dass es bisher so war, und konzentrieren Sie sich auf die Verwirklichung Ihres Traumes.

Ein begeisterter Blick in Ihre Erfolg versprechende Zukunft ist die beste Therapie gegen Erfolglosigkeit!

62

Was, glauben Sie, hat Sie bisher von Ihrem ersehnten Erfolg abgehalten? – Ein Mangel an Glück und an günstigen Gelegenheiten? – Ich bin vielen erfolgreichen Menschen begegnet und noch mehr erfolglosen. Die Erfahrung, die ich aus diesen Begegnungen gewonnen habe, lautet: Neben einem Mangel an Begeisterung ist der Mangel an Glaube, an Mut und an Selbstvertrauen der größte Erfolgsverhinderer.

Deshalb müssen Sie, wenn Sie dauerhaften Erfolg anstreben, Ihren Glauben, Ihren Mut und Ihr Selbstvertrauen aufbauen und täglich stärken. Beginnen Sie als Erstes damit, Ihren Glauben zu stärken – wie ein Mönch, der täglich dieselben Gebete wiederholt. Wiederholen Sie bei jeder Aufgabe, die sich Ihnen stellt, den Satz: „Ich schaffe es!" Denn Gelegenheiten sind nur für den günstig, der für sie innerlich bereit ist!

63

Wenn Ihr Verstand bei jeder Gelegenheit die Ampeln auf Rot stellt und sagt: „Das schaffst du nie!“, sollten Sie Ihr Unterbewusstsein Schritt für Schritt davon zu überzeugen beginnen, dass Ihnen alles zur Verfügung steht, was Sie zur Lösung der Probleme benötigen.

Überwinden Sie die schädliche Gewohnheit der negativen Erwartungshaltung. Erteilen Sie Ihrem Unterbewusstsein immer wieder den Befehl, Lösungen für Ihre Aufgaben, Probleme und Ziele zu finden. Dafür müssen Sie Ihre Ziele als bildliche Vorstellungen in Ihrem Unterbewusstsein verankern, denn das Unterbewusstsein denkt nur in konkreten Bildern.

64

Das Ziel, das Sie mit Ihrer ganzen Intuition und mit Ihrem Verstand gefunden haben, dürfen Sie nie wieder loslassen! Lassen Sie es täglich von neuem vor Ihrem geistigen Auge entstehen. Malen Sie ein detailliertes Bild von den Lebensumständen, von denen Sie in fünf oder in zehn Jahren umgeben sein möchten. Und holen Sie dieses Bild täglich mehrmals vor Ihr geistiges Auge – mit dem festen Glauben an seine Verwirklichung. Daraus entsteht der geistige Zustand des unerschütterlichen Glaubens.

Dieser Glaube nimmt jeden positiven und schöpferischen Impuls auf, der Sie Ihrem Ziel näher bringt. Ja, versetzen Sie sich wissentlich und willentlich in den geistigen Zustand dieses unerschütterlichen Glaubens an Ihren Erfolg.

65

Der Glaube versetzt Berge! – Diese unerschütterliche Wahrheit aus der Bibel steht hinter allen großen Leistungen der Menschheit – und hat auch für Ihr Leben Gültigkeit. Es ist dieser Glaube, der jeden Ihrer Gedanken und Pläne und jedes Ihrer Vorhaben in sichtbare und greifbare Wirklichkeit verwandeln wird.

Diesen Glauben können Sie selbst beeinflussen – positiv oder negativ. Die Negativprogrammierung „Das schaffe ich nicht!“ müssen Sie ganz bewusst ersetzen durch den Glaubenssatz „Ich schaffe es!“ Denken Sie ganz bewusst an Aufgaben, die Sie mit Bravour gemeistert haben. Erinnern Sie sich an die Gefühle, die Ihren Geist und Ihren Körper durchdrungen haben, als Sie einen großen Erfolg erzielten. Von diesem Erfolgsgefühl müssen Sie Ihr Denken und Fühlen beherrschen lassen. Die Erinnerung an erlebte Erfolge ist wie ein Lichtstrahl, der uns durch den Tunnel der Erfolglosigkeit führt!

66

„Das Leben eines Menschen ist das, was seine Gedanken daraus machen!“ Diesen Satz von Mark Aurel, dem Philosophen auf dem römischen Kaiserthron, finden Sie täglich in Ihrer Umgebung bestätigt. Die Entscheidung darüber, welche Richtung wir unseren Gedanken geben, liegt einzig und allein bei uns. Wir können unser Denken mit negativen Gedanken, mit Gedanken von Neid und Missgunst, von Erfolglosigkeit füttern. Wir können uns aber auch bewusst mit schöpferischen, fruchtbaren und Erfolg versprechenden Gedanken beschäftigen. In jedem Fall werden wir die Erfahrung der „sich selbst erfüllenden Prophezeiung“ machen.

Vertiefen Sie in sich die Kraft der positiven Gedanken! Sie wirkt wie ein Zauberstab, der Ihre Wünsche in Wirklichkeit verwandelt!

67

Vergessen Sie nie auch nur einen Augenblick, dass die positive Veränderung Ihres Lebens von der Kraft Ihrer Vorstellung, Ihrer Motivation, Ihrer Begeisterung abhängig ist. Jeder Mensch kann ein positives Bild von sich entwerfen und er wird erfahren, dass er diesem Bild ähnlich wird, wenn er es zur Grundlage seines Handelns macht.

Je stärker Sie Ihr Leben an Ihren positiven Vorstellungen ausrichten, desto unaufhaltsamer wird Ihre Erfolgskarriere Wirklichkeit werden. Wenn Sie fest daran glauben, dass Sie eine erfolgreiche Persönlichkeit sind, werden Sie nie wieder bei kleinen Rückschlägen sagen: „Ich bin ein Versager!" Nein, Sie werden im Glauben an Ihren Erfolg einfach überlegen: „Was kann ich noch verbessern?"

Begeisterung für Ihr Ziel und positives Denken bilden den Kern Ihres täglichen Trainings für Erfolg.

68

Lesen Sie meine Lebensgeschichte „Lebe ehrlich – werde reich!“ und Sie werden feststellen, dass ich mein Leben mit einem starken Glauben an meinen Erfolg grundlegend verändert habe. Dieser Glaube war nicht einfach vorhanden. Ich musste ihn mir, vor allem nach großen Rückschlägen, immer wieder neu erkämpfen. Dabei half mir eine sehr intensive und klare Vision von dem Leben, das ich führen möchte, von der Persönlichkeit, die ich bin, und von der, die ich werden möchte.

Diese Entwicklung habe ich noch lange nicht abgeschlossen. Ich versuche täglich, mich auf diese Vision zuzubewegen. Auch heute noch, weil ich ganz sicher weiß, dass Erfolg und Erfolgsbewusstsein kein Ziel ist, sondern ein Weg.

Heute weiß ich genauer als je zuvor: Erfolg ist mehr als das Erreichen materieller Ziele. Erfolg ist die Erfüllung des Glaubens an sich selbst. Dieser Glaube sucht beständig nach Bestätigung. Geben Sie diesem Glauben täglich Nahrung!

69

Wie sehen Sie Ihr Leben? Als eine sinnlose Folge von Misserfolgen, als Jammertal, in dem Träume und Wünsche unerfüllt bleiben? Oder glauben Sie daran, dass Ihr Leben den Sinn hat, glücklich gelebt zu werden? – Es ist dieser Glaube, der über Ihr Leben entscheidet.

Sicher sind auch Sie schon Frauen und Männern begegnet, denen alles zu gelingen scheint, die im Mittelpunkt des Interesses stehen und denen sich alle Wünsche und Träume in greifbare Wirklichkeit verwandeln. Sie verfügen weder über eine bessere Ausbildung als Sie noch sind sie intelligenter. Trotzdem ist ihnen der Erfolg stets sicher. – Was macht also den Unterschied aus? – Glauben Sie mir, es ist der unerschütterliche Glaube an den eigenen Erfolg.

70

Was, glauben Sie, macht Menschen schön, attraktiv, begehrenswert und erfolgreich? Was verleiht ihnen Charisma? – Es ist die positive Ausstrahlung, die aus dem Geist kommt und den ganzen Körper durchstrahlt. Diese Ausstrahlung kann man nicht künstlich erzeugen. Sie entsteht aus der Einstellung zu sich selbst, aus der Einstellung zu seinen Mitmenschen, zum Leben und zu Gott.

Wer negativ über sich und andere denkt, hat auch eine entsprechend negative Ausstrahlung auf andere Menschen. Deshalb müssen Sie, wenn Sie Erfolg haben wollen, als Erstes Ihr Denken in eine positive Richtung lenken. Denken Sie positiv über sich selbst!

71

Reinigen Sie Ihr Denken von negativen Gedanken – und Sie werden ganz unmittelbar spüren, wie Ihr Selbstvertrauen wächst und wie sich Ihre Ausstrahlung auf andere Menschen positiv verändert. Diese Ausstrahlung können Sie nicht künstlich erzeugen, indem Sie versuchen, Ihren Gesichtsausdruck oder Ihre Körperhaltung zu verändern. Das wäre bloße Schauspielerei, die jeder halbwegs aufmerksame Beobachter sofort durchschaute.

Ausstrahlung entsteht nur aus einem ehrlichen Herzen und aus guten Gedanken, genauso wie Ihre Begeisterung nur überzeugt, wenn sie von Ihrem Geist, Ihrem Erfolgsbewusstsein und Ihrem Selbstvertrauen getragen wird.

72

Stärken Sie Ihr Selbstvertrauen durch kleine Erfolge, vor allem durch erfolgreiche Begegnungen. Für mich ist eine Begegnung erfolgreich, wenn es mir gelingt, aus der Anonymität herauszutreten, mit dem Ober im Restaurant oder mit der Frau an der Kasse im Supermarkt über den geschäftsmäßigen Ablauf hinaus ein kurzes Gespräch zu führen oder ein Lächeln auszutauschen. Ich interessiere mich tatsächlich für mein Gegenüber und ich freue mich, wenn der Mensch, mit dem ich zufällig zusammentreffe, für ein paar Augenblicke dieses Interesse erwidert.

Viele Menschen bewegen sich durch den Alltag wie Schatten, wie Masken oder wie leblose Schaufensterpuppen. Wie können sie da Erfolg haben? Steigern Sie Ihr Interesse an Menschen, denen Sie zufällig begegnen, denn jeder Mensch, dem wir bewusst begegnen, hat eine wichtige Botschaft für uns!

73

Erfolgreiche Menschen strahlen durch Leistung, durch innere Stärke, durch seelischen Reichtum. Sie müssen nichts vorgeben, was sie nicht mit ihrem tatsächlichen Leben unterlegen können. Wer andere für eine Idee oder für eine Aufgabe begeistern will, muss selbst authentisch sein.

Genauso wie echtes Interesse mehr wert ist als vorgegebenes Wissen. Menschen, die so tun, als ob sie schon alles wüssten, können nichts mehr dazulernen! Sobald wir unsere Wissenslücken offen zugeben, werden uns andere bereitwillig ihr Wissen zur Verfügung stellen.

Aus dieser Ehrlichkeit entstehen lebendige Kommunikation, Sympathie und letztlich Erfolg.

74

Was bedeutet Selbstbewusstsein? Nichts anderes als „Ich bin mir meiner selbst bewusst!" Ich weiß, was ich kann. Ich weiß aber auch, was ich nicht kann. Ich weiß, was mich brennend interessiert und was ich noch alles lernen möchte. Ich weiß aber auch, was mich nicht interessiert.

Der Selbstbewusste ist völlig eins mit dem, was er tut. Daraus entsteht das Selbstvertrauen, das nichts mit Überheblichkeit zu tun hat. Der Selbstbewusste steht mit seiner ganzen Persönlichkeit im Mittelpunkt seiner Welt. Aus dieser vollkommenen Übereinstimmung von Worten, Gesten und Gefühlen entsteht die Überzeugungskraft, die letztlich auch den Erfolg anzieht.

Selbstbewusstsein ist allerdings kein unverlierbarer Besitz – Sie müssen es ständig durch ehrliche Erfolge untermauern!

75

Selbstbewusstsein zieht Erfolg an – Erfolg wiederum erzeugt Selbstbewusstsein. Das ist eine Wechselwirkung, die den Erfolgreichen immer selbstbewusster und den Selbstbewussten immer erfolgreicher werden lässt. Aber woher bezieht derjenige, der noch keine Erfolge verzeichnen kann, sein Selbstbewusstsein?

Das ist für viele Menschen ein scheinbar unlösbares Problem. Die Lösung liegt nur im festen Glauben. „Solange du an dich glaubst, hast du alle Chancen im Leben!"

Ja, diesen Satz müssen Sie sich nicht nur einprägen, ihn immer wieder wiederholen, Sie müssen ihn leben, vor allem, wenn Sie von der Verwirklichung Ihrer Träume und Visionen noch weit entfernt sind.

76

„Solange du an dich glaubst, hast du alle Chancen im Leben!“ Das bedeutet, an sich und seine Ziele zu glauben, auch wenn es einem noch schlecht geht oder wenn man gerade eine verheerende Niederlage erlitten hat. Dieses Lebensmotto erfordert genau den Mut und die persönliche Stärke, die den Erfolgreichen vom Erfolglosen unterscheidet.

Nicht aufzugeben, nicht die Flinte ins Korn zu werfen, nicht ins Jammern und Grübeln zu verfallen, sondern an unsere Zukunft, an unsere Chancen, an uns und unsere Fähigkeiten zu glauben, verlangt einen hoffnungsvollen Blick auf uns selbst und auf die Chancen, die das Leben für uns immer noch bereithält – wenn wir aus der Überwindung unserer Niederlagen den notwendigen Mut und die Stärke für unsere Erfolge gewinnen.

77

„Solange du an dich glaubst, hast du alle Chancen im Leben!“ – Was bedeutet dieser Satz ganz speziell für Ihr Leben? – Wenn Sie in der glücklichen Lage sind, dass sich Ihnen eine Chance nach der anderen bietet, umso besser. Dann können Sie diesen Satz einfach neben anderen Zitaten einreihen.

Seinen Wahrheitsgehalt können Sie sich selbst beweisen, wenn Sie in eine Situation geraten sind, in der Ihnen kein anderer mehr eine Chance zugestehen würde. Diesen Satz müssen Sie mit Leben füllen, wenn Sie allein stehen, mit dem Rücken zur Wand, und scheinbar chancenlos sind.

Das ist der Punkt, an dem Sie beweisen können, dass Sie den Erfolg wirklich verdienen. Denn das Schicksal hat ein sehr einfaches Auswahlverfahren: Wer fällt und liegen bleibt, hat verloren. Wer immer wieder aufsteht, dem schenkt es am Ende ungeahnte Erfolge!

78

Stellen Sie die richtigen Fragen an sich und an Ihre Fähigkeiten? An sich zu glauben und seine Chancen im Leben zu wahren hat viel damit zu tun, welche Fragen man an sich und an sein Leben stellt. Leider sind viele Menschen so programmiert, dass sie nach Niederlagen automatisch die falschen Fragen an sich und an das Leben stellen. „Was hat die ganze Schufterei für einen Sinn? Warum passiert das immer nur mir? Womit habe ich das verdient?“

Das sind falsche Fragen, auf die es logischerweise nur falsche, rückwärts gewandte Antworten geben kann. Nehmen Sie Ihren ganzen Mut zusammen, und sei es der Mut der Verzweiflung, und fragen Sie: „Wo ist mein Ziel und was kann ich tun, um es zu erreichen?“

Die Analyse von Misserfolgen ist nur sinnvoll, wenn sie zu besseren Lösungen führt. Wenn sie lediglich der Suche von Schuldigen dient, ist sie reine Zeitvergeudung!

79

Sie haben einen wichtigen Auftrag nicht bekommen. Ein Projekt, um das Sie sich bewarben, ging an einen Konkurrenten. Oder Sie haben im privaten Bereich einen Rückschlag erlitten. Eine Beziehung ging in die Brüche. Die Gründe für Niederlagen in all unseren Lebensbereichen sind vielfältig. Doch immer ist es wichtig, die richtigen Fragen zu stellen. Stellen Sie Fragen, die in die Zukunft führen, nicht in die Vergangenheit.

Fragen Sie nie „Warum habe ich kein Glück?“ oder „Warum passiert das immer nur mir?“, denn darauf erhalten Sie genau die passenden Antworten, nämlich warum Sie kein Glück haben und warum es immer nur Ihnen passiert. Doch diese Antworten bringen Sie nur ins Grübeln, und Grübeln ist ein großer Erfolgsverhinderer. Grübeln ist genau das Gegenteil von Analysieren und Lösungen suchen.

Rückschläge und Niederlagen verlangen Fragen, die der Hoffnung einen neuen Horizont eröffnen.

80

Mut ist eine der wichtigsten Voraussetzungen für Ihren Erfolg. Das klingt sehr viel einfacher und selbstverständlicher, als es ist. Es erfordert Ihren ganzen Mut, sich ein Bild von Ihrem eigenen, Ihnen gemäßen Leben zu formen und Tag für Tag ohne Einschränkungen dazu zu stehen. – Warum? – Weil alle Menschen, mit denen wir zusammen leben und arbeiten, die Tendenz haben, sich ein Bild von der Rolle zu machen, die wir zu spielen haben. Eines dieser Rollenklischees lautet: „Wer einmal eine Niederlage erlitten hat, soll sich künftig bescheiden und keine hochtrabenden Ziele verfolgen!"

Gegen diese negative Erwartung müssen Sie ganz konsequent angehen – bei anderen und natürlich bei sich selbst – mit einem mutigen Lebensentwurf.

81

Die meisten Menschen führen ein Leben voller Zweifel, voller Bedenken, ohne den Mut, sich wenigstens zu ihren eigenen Wünschen zu bekennen. Das ist die Haltung der Verängstigten, der Hilflosen, der Mitläufer. Diese Menschen fühlen sich nur stark im Einverständnis mit ihrer Clique, der sie liebend gern auch das Denken überlassen.

Eines ist jedoch sicher: Nur ein selbstbestimmtes Leben, nur der Mut zum eigenen Denken führt zum Erfolg. Deshalb zählt für mich am meisten der Mut, den jemand aufbringt, ohne alle Zustimmung von außen, nur seinen Grundsätzen verpflichtet, sein Leben zu leben.

Was bedeutet das für Sie? – In erster Linie, dass Sie das Leben führen, das Ihren Fähigkeiten, Ihrem unerschöpflichen Potenzial, Ihrer Persönlichkeit entspricht.

82

Wer sein Lebensziel verwirklichen will, muss zur rechten Zeit Dämme gegen den Egoismus der anderen bauen! Dazu gehört es, gelegentlich mit Mut ein klares Nein zu setzen. Das widerspricht zwar in vielen Fällen unserer Erziehung, doch wenn Sie Erfolg haben wollen, müssen Sie gegen Anforderungen, die andere an Sie richten, auch mal einen gesunden Egoismus an den Tag legen.

Wenn Sie diesen Mut nicht aufbringen, wird Ihnen ein Stück Ihres eigenen Lebens nach dem anderen aus den Händen genommen.

Dieser Mut, den Erwartungshaltungen der anderen nicht immer zu entsprechen, ist notwendig. Dieser Mut macht Sie frei. Dieser Mut hält Sie auch gesund, denn unzählige Menschen leiden körperlich unter dem Egoismus der anderen. Bedenken Sie, wenn Sie dieser Mutlosigkeit aus schlechtem Gewissen nachgeben, können Sie nicht erfolgreich sein.

83

Setzen Sie Ihren Mut gegen die Kritik, wenn diese sich gegen Ihr Lebensziel richtet. Bedenken Sie: Gerade Menschen, die Ihnen nahe stehen, machen sich oft ein sehr genaues, aber falsches Bild von Ihnen und erwarten, dass Sie diesem Bild entsprechend handeln. Sobald Sie diesem Bild nicht entsprechen, ernten Sie Kritik, die mit Ihrer wahren Person wenig zu tun hat. Hinter dieser Art von Kritik verstecken sich nicht selten Neid, Missgunst oder völliges Unverständnis.

Es erfordert häufig viel Mut, das Recht auf ein eigenes Leben gegen die Rollenerwartungen der anderen zu verteidigen. Ihr Mut muss stärker sein als die Angst vor Kritik, die aus der falschen Ecke kommt. Leisten Sie sich den Mut, Ihr Leben zu leben. Vertrauen Sie nur auf die Kritik derer, deren Sympathie Sie sich sicher sein können.

84

Lernen Sie, der Kritik der anderen mit Selbstvertrauen zu begegnen. Behaupten Sie Ihre eigene Meinung mit aller Selbstverständlichkeit. Das ist häufig unbequem, vor allem wenn Sie lange mit der Angst vor Kritik gelebt haben. Aber diese Unbequemlichkeit müssen Sie ertragen.

Abgesehen davon werden Sie bald feststellen: Je eindeutiger Sie Ihre Position klarmachen, desto eher wird Ihre Meinung akzeptiert werden.

So sicher Sie ein Recht auf eigene Ziele haben, so sicher haben Sie auch ein Recht auf einen eigenen Weg!

85

Der Weg zum Erfolg ist ein Hürdenlauf gegen Widerstände, gegen Kritik und häufig gegen Spott und besserwisserische Herablassung. Je deutlicher Ihr Ziel, Ihre Vision, Ihre Begeisterung für Ihren Erfolg vor Ihren Augen steht, desto größer wird Ihr Selbstvertrauen. Machen Sie sich immer wieder klar: „Meine Gedanken sind mein Leben!"

Lassen Sie deshalb niemals zu, dass andere für Sie denken. Wenn Sie sich nur das zutrauen, was andere Ihnen freiwillig zugestehen, müssen Sie Ihren Mut einfach noch trainieren. Lernen Sie, mit Selbstvertrauen negative Bilder zu ertragen, die sich andere von Ihnen machen.

Ihr Mut zum Erfolg muss größer sein als Ihre Angst vor Kritik. Er muss der Größe Ihrer Vision entsprechen!

86

Viele Menschen sind stolz auf ein eigenes Auto, auf ein eigenes Haus, auf eine eigene Familie. Aber wo bleibt der Stolz auf die eigene Meinung?

In unserem Land riskiert niemand sein Leben, wenn er frei und offen seine Meinung sagt. Umso erstaunlicher ist es, wie viele Menschen ihr Grundrecht auf Meinungsfreiheit an sogenannte „Meinungsführer" abgeben – an ihre Familie, an ihren Freundeskreis oder ihre Clique, an die Gesellschaftsschicht, in der sie sich bewegen, an die Medien, an Interessenvertretungen und Parteien.

Wenn Sie erfolgreich sein wollen, dürfen Sie sich nicht dem Fraktionszwang der Mehrheit beugen.

Leisten Sie sich den Mut zur eigenen Meinung, denn als Double bleiben Sie namenlos.

87

Der Weg zum Erfolg ist der Weg zur eigenständigen Persönlichkeit.

Dieser Weg bedeutet auch für Sie in erster Linie Kampf mit sich selbst, Kampf mit der Trägheit, Kampf mit mangelndem Fleiß, Kampf mit der Disziplin und nicht zuletzt Kampf mit der eigenen Mutlosigkeit.

Wenn Sie spüren, dass Ihr Mut noch ein wenig schwach entwickelt ist, müssen Sie zwei Dinge tun: überprüfen, ob Sie ein Ziel ansteuern, das Ihnen wirklich entspricht. Ich persönlich habe nur Mut für eine Entscheidung, wenn ich von einer Sache wirklich überzeugt bin. Und Sie müssen öfter mal ein ehrliches Nein aussprechen, auch dann, wenn alle ein Ja von Ihnen erwarten.

88

Seinen Erfolg anstreben heißt nicht nur, sich gedanklich mit einer schönen Vision beschäftigen. Für Ihren Erfolg müssen Sie häufig genug kämpfen. Stellen Sie sich die Frage: „Wann habe ich das letzte Mal für meinen Erfolg gekämpft?" Hören Sie auf, beiseite zu schauen oder die Hände vors Gesicht zu schlagen, wenn Gefahr droht. Blicken Sie den drohenden Unannehmlichkeiten oder der Gefahr mutig ins Auge. Und erringen Sie damit einen wichtigen Feldvorteil.

Denken Sie an die tiefe Einsicht in die Beziehung zwischen Körper und Geist, die in dem Satz zum Ausdruck kommt: „Er oder sie hat Haltung bewahrt!"

89

Angst hat die Tendenz, gerade die Situationen anzulocken, vor denen wir uns am meisten fürchten. Nehmen Sie deshalb den Kampf mit Ihrer eigenen Angst auf. Trauen Sie sich Dinge zu tun, vor denen Sie bisher zurückgewichen sind. Das ist der notwendige Kampf mit sich selbst, der Kampf mit der Angst, die wie von selbst Ausreden am laufenden Band produziert. Ausreden, mit denen eindeutige Entscheidungen umgangen werden. Entscheiden Sie sich zu handeln.

Dieser Mut wird Ihnen auch helfen, die ganz alltäglichen Ängste zu überwinden: die Angst vor Versagen, die Angst vor Armut, die Angst vor dem Zerbrechen zwischenmenschlicher Beziehungen.

90

Nehmen Sie nie aus Mutlosigkeit die Unfairness eines Geschäftspartners in Kauf. Ich habe in dieser Richtung Erfahrungen gemacht, die mich meine Existenz gekostet hätten, wenn ich ihnen nicht mutig und entschieden begegnet wäre. Zum Beispiel, als ein Großkunde einen Auftrag stornieren wollte, für den wir die Ware fest gekauft hatten. Er hatte keinerlei Recht zu einer Stornierung, aber er wollte mich erpressen – mit der Drohung, er würde nie wieder bei meinem Unternehmen kaufen.

In derartigen Situationen muss man seinen normalen Fluchtreflex überwinden – und man muss die Wahrheit auf seiner Seite haben.

Mut heißt, die Größe der Gefahr erkennen, sein Herz im Halse schlagen spüren und dennoch die Angst vor einem möglichen Scheitern überwinden.

91

Schreiben Sie Ihre ganz persönliche Unabhängigkeitserklärung. Legen Sie für sich fest, welche Rolle Sie in Ihrer Familie, in Ihrem Freundeskreis und in Ihrer Firma einnehmen möchten. Beweisen Sie Ihren Mut durch unabhängige Meinungen und selbstständiges Denken.

Nehmen Sie jede Gelegenheit wahr, Ihren Mut zu trainieren. Verwenden Sie die Angst vor Kritik als Prüfstein für Ihren Mut. Schauen Sie jeden Abend in den Spiegel und stellen Sie sich dabei die Frage, ob Sie an diesem Tag den Mut hatten, ganz Sie selbst zu sein. Vermeiden Sie aber jegliche Selbstvorwürfe. Intensivieren Sie einfach Ihr Trainingsprogramm für Mut. Denn Sie wissen ja, Mut kann man trainieren wie Laufen oder Tennisspielen – indem man Herausforderungen annimmt.

Wenn Sie sich für Ihr Lebensziel begeistern, dann wächst Ihnen der notwendige Mut ganz von allein zu!

92

Wer seine Träume leben will, muss seiner Angst begegnen! – Sprechen Sie diesen Satz laut vor sich hin, so lange, bis Ihnen die enge Verbindung zwischen der Verwirklichung Ihrer Träume und der Überwindung Ihrer Angst völlig klar geworden ist.

Viele Menschen haben Angst, wirklich erfolgreich zu sein. Sie haben Angst, ihre gewohnte Umgebung zu verlassen. Wenn auch Sie diese Ängste in sich spüren, müssen Sie sie lokalisieren und überwinden.

Warum das so wichtig ist? – Angst verhindert oft notwendige Entscheidungen. Angstfreie, mutige Entscheidungen – das ist es, was Sie brauchen!

Sobald Sie Ihre Angst vor Entscheidungen überwinden, werden Sie erfolgreich sein!

93

Wie werde ich erfolgreich? – Diese Frage wird mir immer wieder nach Vorträgen und in Seminaren gestellt. Diese Frage stellen auch Sie sich, wahrscheinlich täglich. Es gibt unzählige Gebiete, auf denen man erfolgreich werden oder sein kann, aber die Grundsätze, wie man erfolgreich wird, sind immer dieselben.

Einer davon lautet: Erfolgreich wird nur der Mensch, der sich ohne Einschränkungen an eine Aufgabe hingibt und der unermüdlich, selbstvergessen und mit absoluter Konzentration sein Ziel anstrebt.

94

Der Titel eines meiner Bücher lautet: „Du schaffst, was du willst!“ Das klingt sehr einfach und überzeugend, und es ist auch absolut richtig. Die große Frage daran ist nur „Passt das, was ich will, auch wirklich zu mir?“ und „Wie stark ist der Wille tatsächlich, dieses Ziel zu erreichen?“

Diesen Willen, Ihr Ziel zu erreichen, und die Begeisterung für Ihren ganz persönlichen Weg zum Erfolg müssen Sie in sich wachhalten und täglich erneuern. Halten Sie sich nicht lange mit den negativen Emotionen auf, die Misserfolge hervorrufen. Das hindert Sie nur daran, in die Zukunft zu schauen.

Handeln Sie frei und zupackend für den Augenblick. Schenken Sie jedem Tag als Erstes ein Lächeln und Sie werden am Abend spüren, wie Ihre Zuversicht wächst!

95

Es gibt keinen Zweifel daran, dass die meisten Menschen sich verändern wollen, dass sie Glück und Erfolg anstreben. Bleibt nur die Frage, warum sie es bisher nicht geschafft haben. Die Antwort darauf ist gar nicht so einfach. Zu viele Faktoren sind an Erfolg oder Misserfolg eines Lebens beteiligt. Aber eines ist ganz sicher – Erfolg hängt sehr von der Stärke des Willens ab.

Fragen Sie sich ganz ehrlich: „Wie stark ist mein Wille, wirklich erfolgreich zu sein? – Wenn Ihre ehrliche Antwort lautet „Nicht sehr stark!“, dann geben Sie um Himmels willen nicht auf. Denn eines steht fest – Sie können auch Ihren Willen, erfolgreich zu sein, stark verändern. Der Wille zum Erfolg wächst mit den Zielen, die zu uns passen!

96

Ihr Wille, erfolgreich zu sein, zeigt sich in ganz einfachen Situationen. Zum Beispiel, wenn Sie sich vorgenommen haben, Ihren Arbeitstag einmal eine halbe Stunde früher als sonst zu beginnen. Wenn Sie es tatsächlich schaffen, aufzustehen und sich an Ihre Arbeit zu begeben, ist das ein sehr erfolgreicher Arbeitsbeginn.

Sich ohne Zwang von außen an seine eigenen Vorgaben zu halten ist eine Grundvoraussetzung für Erfolg. Immer nur das zu tun, was andere mit Fug und Recht von einem erwarten können, bringt vielleicht ein gewisses Maß an Anerkennung. Aber erst, wenn Sie sich bei jeder Aufgabe das Ziel setzen „Ich leiste mein Äußerstes, ich gebe mein Bestes!" und sich wirklich daran halten, werden Sie erfolgreich.

Erst wenn Ihnen der Wille zur bestmöglichen Leistung zur Gewohnheit geworden ist, fliegen Ihnen die Erfolge mit Leichtigkeit zu!

97

Viele Menschen haben die Wunschvorstellung von mühelos erreichtem Wohlstand, von Glück, Erfolg und Reichtum, die einem in den Schoß fallen. Weil sie aber gleichzeitig wissen, dass diese Wunschvorstellung unrealistisch ist, versuchen sie nie, Glück, Erfolg und Reichtum aktiv anzustreben. Deshalb bewegen sich ihre Wunschvorstellungen auf einer vollständig anderen Ebene als ihr tatsächliches Leben.

Sie können diese beiden Ebenen im Lauf der Zeit zur Deckung bringen, wenn Sie Ihre Begeisterung für Ihr Lebensziel mit den Grundtugenden Mut, Fleiß und Ausdauer unterlegen.

98

Ihre Visionen, Träume und Wünsche haben die Tendenz, sich erst dann zu erfüllen, wenn Sie ununterbrochen, unermüdlich mit ganzem Einsatz nach ihrer Verwirklichung streben. Wer nur hie und da an sein Ziel und an seinen Erfolg denkt, wird immer wieder feststellen müssen: „Schade, diese Gelegenheit habe ich leider verpasst!“

Chancen erkennen und sie wahrnehmen, also zur richtigen Zeit am richtigen Ort sein – und die richtigen Entscheidungen treffen kann nur der, der ständig „am Ball bleibt“! Das ist es, was weniger erfolgreiche Menschen als Glück oder Zufall bezeichnen. Also, bleiben Sie auch heute am Ball! Zufall ist das, was Ihnen zufällt, wenn Sie für Ihr Glück bereit sind!

99

Seien Sie ständig bereit, sich zu verändern, vor allem Ihre Gewohnheiten. Wenn Sie sich zum Beispiel vorgenommen haben, ab sofort jeden Gedanken, der für Ihren Erfolg wichtig sein könnte, in ein Notizbuch einzutragen, dann werden Sie vielleicht feststellen, wie schwierig es ist, diesen Vorsatz über einige Wochen hinweg durchzuhalten. Begeisterung und Disziplin werden sich darin gegenseitig unterstützen.

Je größer Ihre Begeisterung für Ihren Erfolg ist, desto länger werden Sie die Disziplin aufbringen durchzuhalten – bis Ihre Absicht zu einer festen Gewohnheit geworden ist. Traumziele erreicht man nicht zum Nulltarif.

100

Das Leben bietet nur drei Möglichkeiten: Fortschritt, Stillstand oder Rückschritt. Andere Wahlmöglichkeiten gibt es nicht, wobei Stillstand und Rückschritt sehr eng miteinander verbunden sind. Stillstand und Rückschritt treten ganz ohne Anstrengung ein. Sobald wir für unseren Fortschritt zu kämpfen aufhören, in unserer Begeisterung nachlassen, die Disziplin vernachlässigen, unsere Ziele vergessen.

Halten Sie deshalb ständig die Vorstellungen von Ihren Zielen lebendig. Eine sehr wirksame Methode dafür ist, sich einen ganz konkreten Zeitpunkt zu setzen und sich auf diesen Zeitpunkt mit größter Disziplin zu verpflichten. Sie werden sehen, von einem festen Termin geht eine ganz große Suggestionskraft aus.

Durch Festlegung auf klare Ziele können Sie die Sanduhr Ihres Lebens mit Erfolgen füllen.

101

Wissen Sie, warum die Festlegung auf einen bestimmten Termin für ein bestimmtes Vorhaben so wichtig ist? – Sie zeigt, wie ernst es Ihnen mit diesem Vorhaben ist. Nehmen Sie nur ein Beispiel: Zwei Menschen stehen vor einem wunderschönen Foto von San Francisco. Der eine, der über genügend finanzielle Mittel verfügt, sagt: „Eigentlich wollte ich schon immer mal dorthin!“ Der andere, ein junger Student, beschließt: „Nächstes Jahr, an meinem Geburtstag, stehe ich auf der Golden Gate Bridge!“ Was glauben Sie, wer eher dort hinkommt?

Die Tatsache, dass derjenige, der einen konkreten Entschluss gefasst hat, im Augenblick nicht über die nötigen finanziellen Mittel verfügt, spielt dabei keine Rolle.

102

Erfolg findet im Kopf statt! Misserfolg auch. Von unerfüllten Träumen und Wünschen sowie von Zielen, die man ohne zwingenden Grund aufgibt, geht eine gefährliche negative Wirkung aus. Jedes Aufgeben verstärkt die Bereitschaft, Misserfolg zu akzeptieren.

Aus diesem einfachen psychologischen Grund muss die Überzeugung, dass Sie Erfolg haben wollen und Erfolg haben werden, Ihr ganzes Denken durchdringen.

Ihr Erfolgsbewusstsein muss so sehr zur Grundlage Ihrer Lebenseinstellung werden, dass es Ihre geistige Haltung, Ihre Körpersprache und damit Ihren Umgang mit anderen Menschen positiv beeinflusst.

Jeder Erfolg, den Sie gegen Widerstände, auch gegen die eigenen, erkämpft haben, stärkt Ihre Erfolgsbereitschaft.

103

Wünsche, Träume und Vorsätze verlieren schnell ihre Überzeugungskraft, wenn man sie nicht durch ständige Wiederholung in seinem Denken und in seinem Unterbewusstsein verankert. Das ist das Geheimnis des täglichen Gebetes, mit dem gläubige Menschen immer wieder ihren Glauben stärken und erneuern.

Und das ist auch das Geheimnis erfolgsgewohnter Menschen. Sie beleben täglich neu die Überzeugung von der Richtigkeit ihres Tuns.

„Ich schaffe es!“ – Verbinden Sie diesen Glauben täglich aufs Neue mit der bildlichen Vorstellung von Ihren Zielen, ehe Sie sich ans Werk begeben. Sie werden sehen, Sie schaffen es!

104

Als Kinder waren wir alle von einem unerschütterlichen Erfolgsbewusstsein geprägt. Wie anders hätten wir sonst Laufen und Sprechen und all die anderen grundlegenden Fertigkeiten des menschlichen Daseins gelernt?

Im Laufe der Erziehung wurde bei vielen Menschen dieses natürliche Erfolgsbewusstsein stark eingeschränkt, indem sie immer häufiger auf Fehler hingewiesen und immer weniger für Erfolge gelobt wurden.

Egal, wie das in Ihrer Kindheit und Jugend gelaufen ist – heute können Sie sich voller Überzeugung für Ihren Erfolg entscheiden. Oder kennen Sie jemanden, der erfolgreich wurde, obwohl er sich immer wieder vorsagte: „Das schaffe ich nie!“

Ihr tägliches Motto lautet: „Ich will aus ganzem Herzen zu den Gewinnern gehören!“ Denn es ist der tiefe Sinn Ihres Daseins, die gesamte Breite Ihres Potenzials zu entwickeln und damit den größtmöglichen Erfolg zu erzielen.

105

Welches sind die kleinen Hürden oder vielleicht auch die großen Hemmschwellen, die Ihren Erfolg blockieren? Kann es sein, dass Sie sich von Ihrem Ziel abschrecken lassen, weil es Ihnen zu groß erscheint?

Dann stellen Sie sich heute mal Ihr Leben als eine große weiße Leinwand vor und fangen Sie einfach an, sich Ihr neues Leben in allen Farben der Freude auszumalen. Denken Sie daran: „Jedes noch so große Gemälde beginnt mit dem ersten mutigen Pinselstrich!“

Und noch eines sollten Sie bedenken, wenn Sie das Gemälde Ihres erfolgreichen Lebens in Gedanken entwerfen: Sie haben nur diese eine Leinwand. Die wollen Sie doch nicht leer zurückgeben, oder?

106

Ziehen Sie heute und immer wieder Bilanz! „Was besitze ich bereits an Fähigkeiten? Was muss ich mir noch aneignen? Was habe ich schon verwirklicht? Wie viele meiner Pläne habe ich schon umgesetzt? – Stellen Sie bei dieser „internen Bilanzkonferenz“ keine negativen Fragen, denn darauf erhalten Sie nur negative Antworten. Legen Sie alle Grübelei und Niedergeschlagenheit ab!

Bilanz ziehen heißt für einen erfolgreichen Menschen vor allem, sich seiner positiven Seiten zu vergewissern. Betrachten Sie das, was Sie schon geschafft haben. Das gibt Ihnen „Erfolgsauftrieb“. Schöpfen Sie Kraft zum Weitermachen aus den positiven Ergebnissen und bleiben Sie nie beim Erreichten stehen, ehe Sie nicht Ihr großes Ziel verwirklicht haben.

107

Es gibt viele Verlockungen, die Sie von Ihrem Lebensziel abbringen wollen. Da winkt das schnelle Geld, das in einer anderen Branche vielleicht sogar mit geringerem Aufwand zu verdienen ist. Oder es lockt die Sicherheit, die ein großes Unternehmen bieten könnte. Da sind die gut gemeinten Ratschläge besorgter Anverwandter oder Freunde.

Gelegentlich mischt sich vielleicht auch Ihre eigene innere Stimme darunter und stellt Fragen wie: „Wofür das alles?" – Nein, den Gedanken an ein eigenständiges und selbstbestimmtes Leben, das Ihren Fähigkeiten entspricht, dürfen Sie nie aufgeben. Verlassen Sie nie Ihren Weg! Gerade wenn dunkle Wolken aufziehen, müssen Sie sich auf Ihr Ziel und auf Ihre Fähigkeiten besinnen.

108

„Sichern Sie Ihre Erfolge ab.“ Das ist ein wichtiger Rat, den ich Ihnen geben kann. Ich habe viele Menschen beobachtet, die an ihren großen Erfolgen gescheitert sind. Sie verloren die Bodenhaftung und dachten, dass sie den ehernen Gesetzen des Erfolgs nicht mehr unterworfen seien. Es ist aber gerade im Erfolg wichtig, sich seiner Anfänge bewusst zu bleiben.

Ich werde nie vergessen, dass ich meine Wurzeln in der Armut habe. Das bewahrt mich davor, Mut mit Wagemut und Risikobereitschaft mit Glücksspiel zu verwechseln.

Gehen Sie den Weg Ihres Erfolgs Schritt für Schritt – am besten von ganz unten.

109

Erliegen Sie nie der Versuchung, Erfolge am Rande der Legalität erreichen zu wollen. Unehrlichkeit führt niemals zu dauerhaftem Reichtum. Als mein Buch „Lebe ehrlich – werde reich!“ erschienen war, löste der Titel heftige Diskussionen aus. In einer Talkshow im ORF wurde ich von einer Diskussionsteilnehmerin ganz offen gefragt: „Wie soll man reich werden, wenn man ehrlich ist?“

Aber Unehrlichkeit ist der falsche Weg. Dass viele Menschen genau diesen falschen Weg zu vermeintlichem Erfolg einschlagen, können Sie jeden Tag in der Zeitung lesen.

Ich betone deshalb noch einmal: Nur ein gutes Gewissen bildet eine verlässliche und tragfähige Grundlage für eine positive Veränderung in Ihrem Leben.

110

Prüfen Sie alle Ihre Unternehmungen anhand der unbestechlichen Aussagen Ihres Gewissens! Denn nur ein ehrlicher Weg führt zu einem dauerhaften Erfolg. Verdrängte Lügen schlagen auf den Magen. Der unehrliche Weg zu Erfolg gründet vor allem in der falschen Vorstellung, dass Erfolg ausschließlich materiell bemessen wird. Wer aber ausschließlich nach materiellem Erfolg strebt, verliert meist seine eigentliche Bestimmung aus den Augen.

Der wahre Lohn einer erfolgreichen Tätigkeit ist die tiefe Befriedigung, die aus dem Bewusstsein entsteht: „Das habe ich aus eigener Kraft geschafft!"

Glauben Sie an die Kraft der Wahrheit und Ehrlichkeit!

111

„Erkenne dich selbst!“ Das ist die Maxime für Ihr neues Leben. Diese Aufforderung zu einer lebenslangen Erforschung Ihres eigenen Wesens, Ihrer Vorlieben und Abneigungen, Ihrer Fähigkeiten und Defizite, ja des ganzen Potenzials Ihrer Persönlichkeit ist der Kern jeder persönlichen Wahrheit, jeder Lebensweisheit, jeder Philosophie, jedes Wandels zum Positiven und letztlich jedes wahren Erfolgs.

Gerade die Herausforderung, ehrlichen Erfolg zu suchen, bringt Sie immer wieder an die Grenzen Ihrer Leistungsfähigkeit. Diese Grenzen immer wieder zu überschreiten und dann die tiefe Genugtuung zu spüren: „Ja, ich habe es erneut geschafft, noch besser zu sein, meine Fähigkeiten noch mehr zu steigern!“, das macht das große Glücksgefühl des Erfolgs aus.

112

Mal ganz ehrlich, ist dieses „Erkenne dich selbst!“ eine Aufforderung, die Sie anspricht, oder neigen Sie eher zu der Einstellung „Das will ich gar nicht so genau wissen!“. „Erkenne dich selbst!“ ist jedenfalls kein Auftrag, dessen Erfüllung man sich für einen Tag vornimmt und ihn dann ein für alle Mal abhakt.

Schätzen Sie die Bedeutung dessen, was Sie vorhaben, nicht gering ein. Es ist eine lebenslange Aufgabe. Die Fragen „Wer bin ich? Was weiß ich? Was kann ich? Wohin führt mich mein Denken?“ Und vor allem „Was ist das Ziel meines Lebens?“, müssen Sie sich jeden Tag neu stellen. Und achten Sie darauf, sich jeden Tag der Antwort zu stellen, die Ihnen Ihr Gewissen darauf gibt.

113

Die nie ganz zu beantwortende Frage „Wer bin ich?“ bedeutet vor allem auch „Wer könnte ich sein?“. Um diese Frage sauber beantworten zu können, müssen Sie als erstes klären, was zwischen Ihnen und Ihrem Erfolg steht. Was hält Sie davon ab, Ihre Kreativität, Ihre Energien, ja das ganze Potenzial Ihrer Persönlichkeit wirklich auf Hochtouren zu bringen?

Haben Sie manchmal das Gefühl, mit angezogener Handbremse bergauf zu fahren? Oder spüren Sie, dass Sie längst nicht alles in Leistung umsetzen, was in Ihnen steckt. – Wie können Sie das überwinden?

Begeisterung ist dafür sicher der wichtigste Faktor. Sie brauchen jedoch auch die Disziplin und die Strenge gegen sich selbst, um zu großen Leistungen zu finden. Wenn unsere Erfolge allein mit Begeisterung zu erzielen wären, worin läge dann der Gewinn für unsere Persönlichkeit?

114

Fokussieren Sie Ihr Denken auf Ihrem Weg zum Erfolg auf die positiven Seiten Ihrer Persönlichkeit. Verstärken Sie die Seiten an sich, auf die Sie mit Recht stolz sein können. Dort können Sie Ihre Leistungsgrenzen immer weiter ausdehnen. Übertragen bedeutet das, wenn Sie von Ihren Anlagen her ein Sprinter sind, hat es keinen Sinn, für eine Medaille im Marathonlauf zu trainieren.

Wenn Sie gern Kontakt zu anderen Menschen haben, sollten Sie Ihren Erfolg in einem Bereich suchen, der Sie täglich mit Menschen zusammenführt. Es werden auf jeden Fall Ihre guten Seiten und Ihre positiven Fähigkeiten sein, die die Grundlage für einen echten Aufschwung in Ihrem Leben bilden.

115

„Wo lassen Sie denken?“ Mit dieser Frage provoziere ich gern die Zuhörer in meinen Vorträgen. Was das Gros des Publikums erheitert und die Betroffenen oft echt betroffen macht, hat einen sehr ernsten Hintergrund. Gerade wenn Sie sich fest dazu entschlossen haben, Ihr Lebensglück, Ihren Lebenserfolg, Ihr individuelles Persönlichkeitsbild zu suchen und zu entwickeln, dürfen Sie niemanden anderen für sich denken lassen.

Überprüfen Sie vor allem auch den Bereich der scheinbar selbstverständlichen Ansichten, die Sie in starkem Maße von Ihren Eltern, durch Ihre Erziehung, von Ihrem gesellschaftlichen Umfeld mitbekommen haben. Dort lauern die größten Gefahren für eigenständiges Denken. Stellen Sie fest gefügte Ansichten und Meinungen immer auf den Prüfstand.

116

Wir werden durch unsere Herkunft, durch unser Elternhaus, durch die Schule und durch den Beruf auf eine gewisse Stromlinienförmigkeit des Denkens hin erzogen. Obwohl es jedem, der über die Entwicklung der Gesellschaft nachdenkt, klar sein muss, dass nicht die Jasager den Fortschritt bringen, sondern die Querdenker.

Querdenken hat nichts mit Widerspruch um jeden Preis zu tun. Querdenken bedeutet quer zur herrschenden Meinung, quer zu allgemein akzeptierten Vorstellungen zu denken. Erfolgreiche Menschen sind immer Querdenker!

Wer mit neuen Ideen erfolgreich sein will, muss aus der Reihe tanzen!

117

Sich eine wirklich eigene Meinung zu bilden, erfordert große Mühe. Vor allem den beliebten Diskussionsbeitrag „Ja, stimmt!“ muss man aus seinem Denkprogramm streichen. Er ist das untrügliche Anzeichen für das Ideen-Trägheits-Syndrom. Die Einstellung „Das haben wir schon immer so gemacht. Wo kämen wir denn hin, wenn wir es plötzlich anders machten?“ findet sich bis in die obersten Spitzen der Hierarchie.

Den wirklich großen und innovativen Unternehmer zeichnet aus, dass er von seinen Mitarbeitern eigenständiges Denken verlangt – und vor allem auch von sich selbst.

Fordern Sie deshalb von sich stets den Mut zum eigenen Denken und Handeln.

118

Begeistern Sie sich für einen Start in einen neuen Tag. Springen Sie aus dem Bett, breiten Sie die Arme aus und sagen Sie voll Optimismus und Tatendrang: „Jetzt geht's los!" Das ist ein ganz anderes Körpergefühl, als wenn Sie unwillig gähnend aus dem Bett kriechen und brummig feststellen: „Mein Gott, schon wieder eine Nacht rum!"

Stellen Sie sich vor den Spiegel und wünschen Sie sich freudig einen guten und erfolgreichen Tag. Lächeln Sie sich an und sagen Sie: „Ja, ich freue mich auf diesen Tag! Ich schaffe es, was immer an Aufgaben heute auf mich zukommt!"

In der gleichen Weise, wie negatives Denken negative und hemmende Spannungen im Körper erzeugt, macht sich auch positives Denken in Ihrem Körper bemerkbar – und beflügelt ihn!

119

Welches Gefühl durchzieht Ihren Körper, wenn Sie heute einen neuen Tag beginnen? Ist es Unbehagen oder freudige Spannung? Glauben Sie mir, es bedeutet einen Riesenunterschied, ob Sie mit missmutigem Gesicht und hängenden Schultern aus dem Bett steigen oder ob Sie die Arme ausbreiten, tief einatmen und mit froher Erwartung auf diesen Tag zugehen.

Beginnen Sie jeden Tag mit einer Motivation, die nach außen strahlt. Wir haben heute in vielen Unternehmen eine Kultur, die Motivation gar nicht mehr zulässt. Motivation lebt aber von Vorbildern. Motivation ist immer eine Begegnung auf der Ebene der Emotionen. Diese Emotionen nehmen wir auf über alle fünf Sinne und geben sie weiter über Körpersprache, über Sprache, die bei unseren Mitmenschen eine Resonanz findet.

Werden Sie auch körperlich zu einem Spiegelbild echter Motivation!

120

Wann haben Sie zuletzt dieses wunderbare Gefühl gespürt: „Ich könnte vor Freude und Begeisterung zerspringen. Ich könnte Bäume ausreißen. Ja, ich könnte die ganze Welt umarmen!"

Sie haben doch hoffentlich nicht den Glauben daran verloren, dass positives Denken froh und gesund macht, oder? – Sehen Sie sich den Unterschied an zwischen der Siegermannschaft, die beim Schlusspfiff die Arme hochreißt und sich jubelnd umarmt, und den Verlierern, die mit gesenkten Köpfen vom Platz gehen. So dürfen Sie nie durchs Leben gehen! Auch nicht nach Niederlagen!

Behalten Sie immer den Kopf oben. Dann kommt der Erfolg umso schneller zu Ihnen! Denn die tiefste Freude entspringt dem Bewusstsein: „Ich bin Herr meines eigenen Handelns!"

121

Positives Denken ist zu einem gedankenlos gebrauchten, ja missbrauchten Schlagwort geworden. Bis hin zu der absurden Behauptung: „Positives Denken macht krank!" Wenn Sie die wahre Bedeutung des positiven Denkens erleben und seine Wirkung erfahren wollen, müssen Sie die richtige Art, positiv zu denken, mit Ihren ureigensten Empfindungen verknüpfen. Hören Sie genau in sich hinein!

Ich bin vollständig davon überzeugt, dass wir tief in unserem Innersten wissen, wann wir falsche Entscheidungen treffen und falschen Hoffnungen nachhängen. Diese Intuition können Sie stärken. Wenn Ihnen das gelingt, wird es nicht ausbleiben, dass Sie zur Wahrheit Ihres Lebens finden!

122

Das positive Denken ist keine rosarote Brille, durch die wir uns ein trauriges Dasein schöndenken können!

Positiv denken heißt, auch in schwierigen Situationen noch an einen Ausweg glauben. Dieser feste Glaube weckt in uns die Bereitschaft, alle zur Verfügung stehenden Kräfte für diesen positiven Ausgang zu mobilisieren.

Sie wissen, was mit Ihnen spürbar und sichtbar geschieht, wenn Sie in eine schwierige Verhandlung mit dem Gefühl gehen: „Ja, ich schaffe es!" Ihre Körperhaltung und Ihr Gesichtsausdruck signalisieren Ihrem Gesprächspartner von vornherein, dass er einen Menschen vor sich hat, der nicht aufgibt. Probieren Sie es aus! Das positive Denken ist der Katalysator, der alle uns innewohnenden Kräfte freisetzt.

123

Positiv denken – und das habe ich immer wieder selbst erlebt – gibt den Ausschlag, wenn der Sieg auf Messers Schneide steht. Positiv denken heißt nicht nur seine psychischen Kräfte zu steigern. Mithilfe der positiven Autosuggestion ist es möglich, die Wunderkraft der Hormone und Endorphine freizusetzen und körperliche und geistige Reserven zu mobilisieren.

Es ist mittlerweile sogar nachgewiesen, dass positives Denken die Abwehrkräfte des Immunsystems verbessert. Dennoch ist positives Denken keine Wunderdroge, die man einwirft, wenn Niederlagen drohen. Positives Denken muss die Basis unseres Bewusstseins bilden! Kontrollieren Sie deshalb Ihre Emotionen und Ihr Denken und bleiben Sie mit Ihrem Denken immer im „grünen" Bereich!

124

Es ist ein Phänomen, wie viele Menschen am liebsten über Negatives sprechen, über Krankheiten, Unglücksfälle und Katastrophen. Das ist wie eine Sucht, mit der sie von eigenen Defiziten und eigener Erfolglosigkeit ablenken.

Wie können Sie dagegen Motivation dauerhaft als Geisteshaltung in sich verankern? Am besten durch tägliches Motivationstraining. Nehmen Sie ein Beispiel aus dem Sport.

Wer sich vorgenommen hat, einen Marathon mitzulaufen, muss täglich trainieren. Er muss seinen Tagesablauf neu gestalten, seine Ernährung umstellen und auch seinen Geist auf Ausdauer trainieren. Er muss seine Disziplin steigern und auf lieb gewonnene Gewohnheiten verzichten, auf die Flasche Wein zum Abendessen, auf die Zigarette zum Kaffee, auf das Fernsehen bis nach Mitternacht.

Wenn Sie sich ernsthaft entschlossen haben, Ihr Lebensziel mit einem Höchstmaß an Motivation zu verwirklichen, brauchen Sie ein ganz ähnliches Trainingsprogramm.

125

Ich habe die Zauberkraft des positiven Denkens in meinem eigenen Leben oft selbst erfahren. Und ich habe sie bei vielen anderen erfolgreichen Menschen erlebt. Deshalb bin ich zutiefst davon überzeugt, dass jeder, der sein Denken von Zuversicht, Hoffnung, Selbstvertrauen, Vertrauen auf göttliche Hilfe, Mut und Ehrlichkeit durchdringen und leiten lässt, diese Kraft in sich erfahren, stärken und ausbauen kann.

Dieses Denken ist es, das auch in Ihnen alle Kräfte wachruft, die Sie für eine positive Veränderung Ihres Lebens benötigen. Mit der Kraft dieses Denkens werden Sie früher oder später unweigerlich auf die Hilfe anderer positiv gestimmter Menschen treffen. Diese werden Sie bereitwillig unterstützen und Ihrem Leben eine ungeahnte Wendung geben, denn positives Denken schafft ein Magnetfeld, in dem sich die Gemeinschaft positiv denkender Menschen versammelt.

126

Ihre persönliche Entwicklung wird wie von selbst eine positive Richtung nehmen, wenn Sie sich ganz bewusst von den „Energieabsaugern“ des negativen Denkens befreien.

Positiv denken heißt nicht, Probleme nicht zur Kenntnis nehmen oder Niederlagen verdrängen. Ganz im Gegenteil! Positiv denken heißt, konstruktiv, zukunftsweisend und erfolgsorientiert denken. Positiv denken heißt nichts anderes, als Probleme klar erkennen und daran glauben, dass es im Bewusstsein der eigenen Fähigkeiten Lösungen dafür gibt.

Positiv denken bringt Ihnen dann Erfolg, wenn Sie auch positiv entscheiden und positiv handeln.

127

Wenn Sie gelegentlich an den Punkt kommen, an dem Sie überlegen, ob Sie Ihren Lebenstraum, Ihre Vision von Glück und Erfolg nicht besser zugunsten „realistischer“ Möglichkeiten aufgeben sollten, kann ich Ihnen nur den Rat geben: Lesen Sie die Biografie eines so berühmten Mannes wie Abraham Lincoln. Der größte Teil seines Lebens war gekennzeichnet von Niederlagen. Dennoch hat er im Glauben an die Kraft des positiven Denkens unermüdlich auf sein Ziel hingearbeitet, Präsident der Vereinigten Staaten zu werden. Und er wurde einer der bedeutendsten Männer, die diesen Posten je innehatten.

Positives Denken kann den Unterschied zwischen Bedeutungslosigkeit und historischer Größe ausmachen. In jedem Fall bestimmt es den Unterschied zwischen gelebter und verlorener Zeit!

128

Wenn Sie sich konsequent für die Anwendung der Zauberkraft des positiven Denkens in Ihrem Leben entschieden haben, werden Sie früher oder später die Erfahrung machen, dass Sie nur noch in einem Umfeld leben können, das ebenfalls von Zuversicht, Lebens- und Erfolgsbejahung, von Vertrauen in die eigene Kraft und von positiver Einstellung gegenüber den Mitmenschen geprägt ist.

Erfolgreiche Menschen suchen sich für die Zusammenarbeit und für das Zusammenleben immer andere erfolgreiche und von hoher Motivation getragene Menschen. – Warum das so ist? – Niemand kann auf Dauer seine eigene Motivation aufrechterhalten, wenn er von einer pessimistischen Lebenseinstellung umgeben ist.

129

Das positive Denken ist eine Lebensaufgabe, der Sie sich mit großer Konsequenz und zuallererst selbst stellen müssen. Begehen Sie nicht den Fehler, die positive Grundeinstellung von anderen zu verlangen, ehe Sie selbst ein gutes Stück dieses Weges zurückgelegt haben. Denn am besten verändert man andere Menschen durch sein eigenes positives Beispiel.

Wenn Sie aber Ihr privates oder berufliches Umfeld trotz aller Bemühungen und über einen längeren Zeitraum hinweg nicht verändern können, müssen Sie die Konsequenzen ziehen.

Ich habe diese Erfahrung selbst gemacht und auch an engen Mitarbeitern erlebt, dass sie erst dann positiv gestimmte und erfolgsorientierte Menschen wurden, als sie sich aus einem negativen, neidgeprägten Umfeld gelöst hatten.

130

Ordnen Sie Ihr Leben – denn niemand kann auf Dauer Erfolg im Beruf haben, wenn in seinem Privatleben Chaos herrscht – und umgekehrt!

Das ist die Aufgabe, der Sie sich jeden Tag aufs Neue stellen müssen. Identifizieren Sie Ihre Probleme in allen Einzelheiten! Erst dann können Sie darangehen, sie wirklich zu lösen. Ziehen Sie diese Bilanz in einer Art und Weise, die Sie zu positiven Lösungen anspornt. Sehen Sie Fehler, die Sie an sich ausgemacht haben, mit Humor, nicht mit Resignation. Das ist die richtige Ausgangsposition, um sie zu verbessern.

Betrachten Sie Ihre eigenen Unzulänglichkeiten mit Humor. Dann können Sie auch den Unzulänglichkeiten Ihrer Mitmenschen mit Humor und Verständnis begegnen.

131

Bleiben Sie nie bei der negativen Kritik an sich selbst stehen. Das würde Sie daran hindern, die positive Kraft Ihrer Veränderung zu entwickeln. Sie wollen doch besser werden – auf allen Gebieten.

Wenn Sie das Gefühl haben, allein nicht weiterzukommen, sollten Sie sich ein oder mehrere Vorbilder suchen – nicht als „Kopiervorlage", sondern als Orientierung im Hinblick auf Mut, Ausdauer, Disziplin und Erfolgsbewusstsein. Das können ganz einfach interessante Menschen sein, von denen Sie wichtige Impulse empfangen können.

Halten Sie Ausschau nach Menschen, die auf ihrem Gebiet Außergewöhnliches geleistet haben, und suchen Sie zumindest gedanklich ihre Nähe. Und bedenken Sie dabei eines: Vorbilder schüchtern ein, wenn man nur das Ergebnis ihrer Spitzenleistungen betrachtet. Erst wenn man ihren Weg studiert, regen sie das eigene Können an.

132

Wenn Sie sich mit den Erfolgsgeschichten großer Menschen beschäftigen und erfahren, wie sich die meisten von ihnen mit einem unumkehrbaren Entschluss, mit unerschütterlichem Mut, mit nicht nachlassendem Fleiß und eiserner Disziplin von ganz unten hochgearbeitet haben, spüren Sie, wie eines ganz von selbst verschwindet – der Neid auf die Erfolge anderer.

Neid ist der größte Erfolgsverhinderer im menschlichen Leben. Neid ist das untrüglichste Eingeständnis, dass man sich selbst keinen Erfolg zutraut. Das macht den Neid so armselig. Wer sich selbst zutraut, erfolgreich zu sein, wird den Neid auf andere kaum noch verstehen.

Setzen Sie gegen dieses negative Gefühl Ihre Erfolg versprechende Entschlossenheit: „Ich schaffe mir meine Erfolge selbst!“

133

Mit dem Selbstbewusstsein, dass Sie in der Lage sind, Ihre Erfolge selbst zu schaffen, wird es für Ihr Denken und Handeln auch vollkommen nebensächlich sein, wie groß das Vermögen eines erfolgreichen Menschen ist. Ob jemand der reichste oder der zweitreichste in Ihrer Branche, in Ihrer Stadt, in Ihrem Land oder gar der Welt ist, spielt für Sie keine Rolle. Denn Sie haben erkannt, dass Menschen, die echten Erfolg suchen, nicht vom Streben nach Geld bewegt werden.

Geld ist im Grunde nur der Ausdruck eines Energieflusses. Geld schenkt Bewegungsfreiheit, aber Geld als einziges Lebensziel und als einziger Maßstab für Erfolg – das ist zu wenig.

134

Lassen Sie sich auf dem Weg zur Verwirklichung Ihres Lebenstraumes nicht von sogenannten guten Freunden abhalten, die Ihre Träume mit Ihrer derzeitigen Lebenssituation vergleichen und Sie für verrückt erklären. Vielleicht sind diese Freunde einfach nur neidisch und wollen nicht zulassen, dass Sie auf einen Erfolg zugehen, der Sie von ihnen abhebt.

Ich habe auf dem Weg zu meinem persönlichen Erfolg viele sogenannte Freunde an den Neid und an die Missgunst verloren – und ich habe neue Freunde gewonnen, Freunde, die auf ganz unterschiedlichen Gebieten ihre ganz persönlichen Erfolge erzielt haben und für die der Begriff Neid keine Bedeutung hat.

135

Was ist das Geheimnis des Reichwerdens? Das ist nicht leicht zu erklären, wenn jemand nur die äußeren Umstände des Reichtums betrachtet und nur sie für erstrebenswert hält – das Haus im Park, die Luxuskarosse usw.

Um echten Reichtum zu erwerben, braucht es eine zündende Idee, ein Ziel und die Entschlossenheit, beides Wirklichkeit werden zu lassen. Der materielle Gewinn wird sich daraus wie von selbst ergeben.

Echter und dauerhafter Reichtum entsteht nur in der Ausformung einer Persönlichkeit, die über allem materiellen Gewinnstreben steht. Für eine wirklich reiche Persönlichkeit besteht der größte Reichtum im Stolz auf und in der Freude über eine vollbrachte Leistung und in den Möglichkeiten zu innerem Wachstum.

136

Die meisten Menschen leben in dem Gefühl, Gefangene eines anonymen Schicksals zu sein. Die Erfolgreichen spüren, dass sie den Schlüssel zur Freiheit in der Tasche tragen.

Der große Reichtum, der durch die Umwandlung einer Idee entsteht, kann daher nicht am Bankkonto gemessen werden. Er liegt in ganz anderen Kategorien: Neuland betreten, Verantwortung übernehmen, ein selbst gesetztes Ziel verwirklichen und damit Arbeit und Lebenssinn für sich und andere schaffen! Das ist es, was den wirklich Erfolgreichen zu außergewöhnlichen Leistungen antreibt – auch um den Preis des Scheiterns.

Menschen, die Großes geschaffen haben, leben nach dem Grundsatz: „Du bist der Schöpfer deiner Welt!“ Sie begnügen sich nicht damit, darauf zu warten, dass sich ihre Lebensumstände durch Veränderungen in der Gesellschaft verbessern.

Spüren Sie, dass Sie schon zu diesem Kreis außergewöhnlicher Menschen gehören?

137

Die Karrieren erfolgreicher Menschen mögen im Ergebnis völlig unterschiedlich sein, in einem Punkt gleichen sie sich ganz entschieden: Während die meisten Menschen eine mehr oder weniger gleichmäßige Stufenleiter hochsteigen, müssen sich wirklich erfolgreiche Menschen ihre Karriere selbst erfinden.

Es gab keine Flugzeugbauer vor den Gebrüdern Wright, es gab keine Radiologen vor Konrad Roentgen, und bei Siemens konnten Abertausende erst Karriere machen, nachdem Werner von Siemens die Elektrotechnik revolutioniert und eines der ersten global operierenden Unternehmen gegründet hatte.

Deshalb sind die meisten großen Erfolge beispiellos. Die Visionen, die dahinter stehen, haben nicht den finanziellen Reichtum zum Ziel, sondern die Verwirklichung von Träumen!

138

Das kürzeste philosophische Konzept für ein glückliches Leben besteht aus den vier Wörtern: „Ja, ich will es!“ Ob Ihr Wille, erfolgreich und glücklich zu sein oder zu werden, so groß ist, dass er alle Hindernisse überwindet, darüber entscheiden einzig und allein Sie selbst.

Sie können selbstverständlich und sogar aus freien Stücken allen Zwängen nachgeben, die Sie von Ihrem Erfolg und von Ihrem Lebensglück abhalten. Das Leben jedenfalls akzeptiert keine Ausreden.

Sie können jedoch auch dem „Ruf des Glücks“ folgen und alle psychischen Fesseln ablegen, die Ihren Erfolg bisher verhindert haben. Sich dafür zu entscheiden, dass man Glück und Erfolg wirklich will, ist ein Kraftakt, der zu großer innerer Freiheit führt.

139

Je besser Sie sich selbst kennen und akzeptieren lernen, desto freier werden Sie und desto wirkungsvoller können Sie Ihre vielfältigen Begabungen und Fähigkeiten einsetzen.

Sich selbst zu akzeptieren bedeutet nicht: „Ich bin halt so, da kann man nichts machen!“. Das ist die Ausrede der Erfolglosen. Natürlich sollen Sie akzeptieren, dass es in Ihrer Persönlichkeit und in Ihrem bisherigen Lebenslauf Dinge gibt, die Sie nicht verändern können, aber Sie sollen sich auch Tag für Tag bemühen, derjenige zu werden, der Sie sein können.

Ihr großer Erfolg im Leben liegt immer im Bereich der Persönlichkeit, die Sie sind, niemals in einem Bereich, der Ihnen und Ihren Begabungen fremd ist.

140

Erfolg erreicht man nicht zum Nulltarif. Wenn Sie Ihre Persönlichkeit umstrukturieren und in die Tiefe gehen wollen, werden Sie in der Regel das Letzte aus sich herausholen müssen. Das ist ein unabänderliches Gesetz, denn Wünsche, Träume und Visionen haben die Tendenz, sich nur dann zu erfüllen, wenn wir mit ganzem Einsatz danach streben.

Machen Sie sich frei von Zielen, für die Sie sich nicht begeistern können. Sie führen niemals zum Erfolg, schon gar nicht, wenn sie von anderen Menschen vorgegeben wurden.

Wenn Sie aber das Ziel, den Lebenstraum gefunden haben, der Sie voll und ganz ausfüllt, gibt es keine Altersgrenze – weder nach unten noch nach oben. Es kommt nur darauf an, eine große Portion Neugier, Staunen und Erfolgsbewusstsein damit zu verbinden.

141

Hat Ihnen schon einmal jemand gesagt, dass eine wunderbare Zukunft vor Ihnen liegt, die sofort beginnen kann, wenn Sie noch heute die richtigen Entscheidungen treffen? Diese Möglichkeit bleibt Ihnen erhalten, solange Sie leben, egal, wie Ihr bisheriges Leben verlaufen ist.

Viele Lebenswege haben sich an einem ganz entscheidenden Punkt in eine neue, von niemandem für möglich gehaltene positive Richtung gewendet. Ein Ereignis, eine Begegnung, ein plötzlicher Gedanke, ja, eine Eingebung kann diese positive Veränderung bewirken. Hören Sie daher nie auf, nach Glücksmomenten in Ihrem Leben Ausschau zu halten.

142

Wenn Ihnen kürzlich etwas Gutes widerfahren ist, versuchen Sie einmal zurückzuverfolgen, wie es zustande kam. In der Regel werden Sie feststellen können, dass irgendjemand Ihnen bewusst oder sogar unbewusst einen Tipp gegeben oder Sie auf einen Gedanken gebracht hat, der für Ihr Leben wichtig wurde.

Wir Menschen leben nun mal in einem Geflecht von Beziehungen, aus denen sich durch „Zufall" positive, hoffnungsvolle und glückliche Anstöße ergeben können.

Diese „Zufälle" können Sie ganz erheblich steigern, sobald Sie erkannt haben, dass sie von Ihrer Fähigkeit, mit anderen Menschen zu kommunizieren, abhängen.

Steigern Sie Ihren K-Faktor – Ihren Kommunikationsfaktor – und Sie steigern automatisch Ihren Erfolgsfaktor.

143

Egal welche großen oder kleinen Probleme Sie zu lösen haben, welche großen oder kleinen Ziele Sie erreichen möchten, Sie brauchen immer die Mitarbeit und die Mithilfe anderer Menschen.

Es gibt sehr viele Zeitgenossen, die, ohne es zu wissen, gerade hier ihre negative Schaltstelle gegen ihren Erfolg haben. Sie stehen am Schalter, sitzen im Restaurant, warten im Supermarkt an der Kasse oder verlangen von einem Kollegen, einer Kollegin eine Auskunft – und sehen in dem Menschen, der sie bedient und den sie brauchen, nur die Funktion.

Diese Haltung baut unglaubliche Blockaden auf. Der Schalterbeamte vertröstet sie mit einer Dienstvorschrift, der Ober oder die Bedienung gehen an ihrem Tisch vorbei, aus dem Kollegenkreis wird widerwillige Hinhaltetaktik spürbar.

Wie kann man diese Blockaden überwinden? – Indem man das Ich verlässt und sich dem Wir zuwendet.

144

Wie steigern Sie Ihren K-Faktor, Ihren Kommunikationsfaktor? Am besten durch viele kleine Begegnungen, die erfolgreich verlaufen. An diesen Begegnungen zeigt sich sehr rasch, ob Sie das richtige „Erfolgsbewusstsein“ haben. Wer immer nur sagt „ich, ich, ich“, kann förmlich zusehen, wie die Hindernisse wachsen.

Lassen Sie Ihr „Wir-Bewusstsein“ wachsen und stellen Sie sich immer öfter die Frage: „Was kann ich für den anderen tun? Wie kann ich einem anderen Menschen eine kleine Freude schenken – und sei es nur ein Lächeln im Vorübergehen?“ –

Das ist die Einstellung, die zu kleinen und auch zu großen Erfolgen führt. Nehmen Sie jede noch so unbedeutende Begegnung als Herausforderung für Ihre Ausstrahlung. Und bedenken Sie: Ausstrahlung strahlt nur, wenn echte Sympathie im Spiel ist.

145

Sobald Sie angefangen haben, jede Art von Begegnungen auf eine Basis von Sympathie und echtem Interesse zu stellen, werden Sie geradezu hungrig nach positivem „Feedback“. Sie werden sehr rasch feststellen, dass gerade erfolgreiche zwischenmenschliche Begegnungen auf einem ehrlichen Wechselspiel von Geben und Nehmen beruhen. Sie können niemanden auf Dauer „mit Charme einwickeln“. Ihr Interesse muss wirklich ernst gemeint sein. Und natürlich auch Ihr Selbstvertrauen.

Besitzen Sie eine gute Portion Selbstvertrauen oder sind Sie eher der Meinung, dass Ihnen die meisten Menschen, mit denen Sie zu tun haben, in irgendeiner Weise überlegen sind?

Wer sich selbst vertraut, findet das Vertrauen der anderen!

146

Wie gut sind Sie im Austragen von Konflikten? Bei wem suchen Sie die Schuld, wenn etwas schief geht? Es gibt Menschen, die, wenn sie ein Glas umwerfen, vorwurfsvoll zu ihrem Partner sagen: „Warum hast du das dorthin gestellt?“

Gelegentlich eigenes Verschulden einzugestehen, hat nichts damit zu tun, dass man immer nachgeben muss. Aber bitte, behaupten Sie Ihren Standpunkt ohne Aggressionen. Greifen Sie nicht an, sondern sagen Sie ganz klar, was Sie für sich erreichen möchten, und sagen Sie auch, was Sie dafür zu tun bereit sind.

Damit wächst zumindest auf Ihrer Seite das großartige Gefühl, die volle Verantwortung für Ihre Entscheidungen zu tragen.

147

Das Bild, das Sie von sich selbst haben, ist ganz entscheidend dafür, wie Sie auf andere Menschen wirken und wie andere Menschen auf Sie reagieren!

Ihr Auftreten, Ihr Selbstbewusstsein, Ihre Persönlichkeit bestimmen Ihren K-Faktor, Ihren Kommunikationsfaktor. Denn ob wir es wahrhaben wollen oder nicht: ob wir mit unseren Mitmenschen in einem positiven geistigen Austausch stehen, ob wir uns in Gesellschaft anderer Menschen wohlfühlen oder ob wir im zwischenmenschlichen Bereich ständig mit Schwierigkeiten zu kämpfen haben, ist ein genaues Abbild der Vorstellung, die wir von uns selbst und unserem Leben haben.

Die große Botschaft Jesu „Liebe deinen Nächsten wie dich selbst!" gilt auch in ihrer Umkehrung: „Deine Nächsten lieben dich wie du dich selbst!"

148

Gestalten Sie mit einem stetig besser werdenden Kommunikationsfaktor Ihr ganz alltägliches Leben zu einem Erfolgserlebnis.

Ich habe von Kind auf sehr stark den Kontakt zu anderen Menschen gesucht. Es war immer mein Bedürfnis, Grenzen zu überwinden und Mauern zwischen Menschen verschwinden zu lassen. Das ist mir bis heute geblieben. Wo immer ich bin, fange ich mit anderen Menschen zu sprechen an oder tausche wenigstens eine freundliche Geste aus. Mich interessiert einfach, wie andere Menschen denken und reagieren. Auf diese Weise wird der Einkauf im Supermarkt, die Fahrt in der U-Bahn oder mit dem Taxi, das Warten in einer Hotellobby oder ein stundenlanger Transatlantikflug immer zu einem Erlebnis.

Dabei habe ich eines gelernt: „Es gibt keine uninteressanten Menschen, wenn wir ihnen mit Interesse begegnen!“

149

Die Antwort auf die Fragen „Wer bin ich?“ und „Welchen Sinn hat mein Leben?“ finden Sie nicht zuletzt in den Wellenbewegungen der Sympathie, die Sie aussenden und die zu Ihnen zurückkommen.

Ich halte diese „Sympathiewellen“ für außerordentlich wichtig. Ohne diese Wegzehrung für unser Herz, für unser Gemüt, für unseren Geist und für unsere Seele würden wir emotional, geistig und seelisch verhungern.

Bringen Sie den Menschen, denen Sie begegnen, Freundlichkeit, Sympathie, ja Herz entgegen – ohne Berechnung, ohne dafür eine Gegenleistung zu erwarten. Sie werden plötzlich spüren, wie positive Energie fließt, wenn Sie sich mit Ihren Mitreisenden auf diesem Planeten geistig, seelisch und herzlich austauschen.

Globalität bedeutet, dass wir unser Herz auf Weltempfang stellen müssen!

150

Die positive Grundeinstellung und der offene Austausch mit anderen Menschen sind ganz entscheidend für unseren Erfolg.

Tag für Tag werden wir mit den unterschiedlichsten Ereignissen konfrontiert. Unsere Grundeinstellung zum Leben filtert diese Ereignisse und sortiert sie. Der pessimistische Mensch wird sich gedanklich vor allem mit den Dingen beschäftigen, die seinem Pessimismus entsprechen. Der erfolgreiche Mensch aber wird sein Augenmerk immer auf die Dinge richten, die gut funktionieren, bzw. er wird auch bei den negativsten Nachrichten noch überlegen, wie er die Dinge ins Positive wenden kann.

Da der positiv eingestellte Mensch auf diese Weise immer wieder zu positiven Erfahrungen gelangt, verstärkt sich diese positive Seite seines Lebens. Vergessen Sie niemals – die Verantwortung für unser Denken liegt in unserer Hand. Diese tiefe Erkenntnis verweist uns unnachgiebig auf unsere ureigenste Verantwortung für unser Leben!

151

Es ist meine felsenfeste Überzeugung, die auf Erfahrung beruht: Wenn Sie Ihr Leben in eine erfolgreiche Richtung lenken wollen, können Sie durch einen lebendigen Gedanken- und Gefühlsaustausch mit den Menschen, die Sie bereits kennen, und den Menschen, die Sie durch Öffnen Ihres Herzens noch kennenlernen werden, am schnellsten und wirkungsvollsten einen Umschwung in Ihrem Leben herbeiführen.

Denken Sie stets daran, wie Sie dem Menschen, dem Sie begegnen, helfen können, wie Sie seine Pläne unterstützen, wie Sie ihn an Ihrem Wissen teilhaben lassen können. Und vergessen Sie nie den Dank, wenn Sie Hilfe und Unterstützung erfahren haben. Denn echte Dankbarkeit macht aus einer kleinen Gabe ein großes Geschenk!

152

Dankbarkeit ist ein wichtiger Baustein Ihres Erfolgs. Menschen, die sich nicht bedanken, schenken meist auch selbst nicht gern. Sicher kennen Sie die Situation: Sie haben einem Menschen eine Hilfe erwiesen, eine Besorgung für ihn erledigt oder bereitwillig Ihr Wissen zur Verfügung gestellt. Sie haben das nicht getan, um irgendeine Gegenleistung zu erhalten. Ein dankbares Lächeln, ein Wort der Anerkennung, eine kleine Aufmerksamkeit – und Sie sind vollkommen zufrieden.

Wenn dieser Dank aber ausbleibt, sind Sie enttäuscht und bei der nächsten Gelegenheit sicher nicht mehr so aufgeschlossen.

Bedenken Sie, dass Menschen, die Ihnen einen Dienst erwiesen haben, genauso empfinden.

153

Füllen Sie Ihren Geist mit positiven Bildern. Die Bilder, die sich in Ihrem Kopf befinden, sind der Ausgangspunkt Ihrer Ideen, Ihrer Stimmungen, Ihrer Gemütslage und dadurch auch Ihrer Entscheidungen.

Das hat nichts mit oberflächlicher Schönfärberei zu tun. Unsere Welt ist angefüllt mit Gutem und Schlechtem, mit Positivem und Negativem. Wir selbst entscheiden darüber, von welcher Seite wir unser Denken beherrschen lassen.

154

Menschen versuchen oft ihre Schuldgefühle oder Versagensängste mit Unruhe und Betriebsamkeit zu überdecken. Geistige Gesundung dagegen ist eng mit Ruhe und Stille verknüpft. In der Stille reifen große Dinge. Lösen Sie sich deshalb ab und zu aus der Betriebsamkeit Ihres Alltagslebens. Füllen Sie Ihren Geist mit Schönheit und Frieden.

Ich gehe von Zeit zu Zeit in die Kirche, um in der Stille eines Kirchenraums meine Batterien wieder aufzuladen. In dieser Stille fühle ich mich Gott näher. Gott ist die Quelle jeder Kraft. Gott ist die Tankstelle für Energie. In diesen Ruhephasen habe ich gelernt, meine Lasten mit Leichtigkeit zu tragen.

155

Gedanken und Gefühle beherrschen unseren Körper. Wer gesund bleiben will, muss negative Gefühle in eine positive Ausstrahlung umwandeln. Gesundheit und positives Denken sind ein gutes Doppel. Disharmonie im Denken verursacht Krankheiten. Harmonische zwischenmenschliche Beziehungen sind eine wichtige Voraussetzung auch für unsere körperliche Gesundheit. Der Körper ist nämlich ein sehr einfühlsames Instrument und formbar durch Gedanken, Emotionen und Worte, die er empfängt.

Unterschätzen Sie nie die Macht des Wortes. Gestalten Sie Ihre Welt durch positive Worte und Gefühle.

156

Charme, Ausstrahlung, Sympathie, echtes Interesse an anderen Menschen – das ist das scheinbar unergründliche Geheimnis vieler Erfolge. Ja, das ist die Magie, mit der erfolgreiche Menschen andere wie mit einem Magneten an sich ziehen. Je mehr Sie in dieses Geheimnis eindringen und es selbst absichtslos anwenden können, desto erfolgreicher werden Sie sein.

Übrigens, Charme bedeutet Zauber. Und Charme ist tatsächlich ein Zaubermittel für Ihren Erfolg. Dieser Zauber der Persönlichkeit muss spürbar sein, auch wenn Sie allein sind!

157

Ganz entscheidende Weichenstellungen in Ihrer Erfolgskarriere entstehen durch persönliche Kontakte. Je mehr Sie an sich arbeiten, je mehr Ausstrahlung Sie durch Erfolge gewinnen, desto mehr Menschen werden Sie treffen, die Ihnen einen guten und nützlichen Hinweis geben. Aber hüten Sie sich davor, Kontakte auf der egoistischen Basis aufzubauen: „Wie kann mir der nützlich sein?“

Nur aus absichtslosen Begegnungen kann Sympathie entstehen, die Ihre Ziele ebenso uneigennützig unterstützt. Echte Erfolge entstehen aus Freude am Geben!

158

Manchmal muss man sich im Leben große Schuhe anziehen und mit aller Kraft daran arbeiten, dass man im Lauf der Zeit in sie hineinwächst. In einer solchen Phase ist es wichtig, dass einem Menschen zur Seite stehen, bei denen man seine Träume und Visionen artikulieren kann und die einen mit uneigennützigem Rat unterstützen.

Ich habe die Erfahrung gemacht, dass es besser ist, in solchen Situationen einen „väterlichen" Freund zu haben, der wirklich über der Sache steht, als Freunde, die mit diesem neuen Bild des ihnen scheinbar vertrauten Menschen nichts anfangen können. Solche Menschen ausfindig zu machen erfordert viel Intuition und nicht selten großen Mut, denn sie stehen schon auf der Ebene, wo man selbst hinmöchte.

Ja, suchen Sie sich mit Intuition und Mut einen „Coach", der Sie in Ihrem Streben nach Erfolg unterstützt.

159

Wenn Sie ernsthaft beabsichtigen, alte, ausgefahrene Wege zu verlassen und neue Ziele anzustreben, kann ich Ihnen nur Mut machen, mit Menschen Kontakt aufzunehmen, die in ihrem Leben bereits Erfolg erreicht haben. Haben Sie keine Scheu. Es funktioniert. Sie müssen es nur wollen.

Eines der wichtigsten Mittel, Kontakte zu schaffen, ist im Zeitalter des Telefons, der E-Mails und der allgegenwärtigen Mobiltelefone ganz aus der Mode gekommen – das Briefeschreiben! Ja, Sie haben richtig gelesen – Briefe schreiben, mit Füllfederhalter und auf ausgesucht schönem Papier. Damit fallen Sie schon rein äußerlich aus dem Rahmen.

Schreiben Sie einen Brief, der geistige Kontakte schaffen kann. Das ist wirklich eine hohe Kunst! Er muss möglichst kurz, prägnant und klar sein. Dennoch muss er bei aller Kürze eine Botschaft enthalten, die den Empfänger motiviert, mit Ihnen Kontakt aufzunehmen!

Sie werden über die Wirkung erstaunt sein.

160

Sie haben sich große Ziele gesetzt. Da brauchen Sie unbedingt positive Begegnungen mit erfolgreichen Menschen. Das wirkt wie ein Heißluftballon, der Sie mit Optimismus in die Sphäre des Erfolgs hinaufträgt. Was bedeutet das für Ihre innere Einstellung? – Ganz klar, Sie selbst müssen Optimismus und positives Denken ausstrahlen.

Überlegen Sie mal, auf wen Sie selbst intuitiv zugehen, wenn Sie in einer belebten Straße nach dem Weg fragen! Doch nicht auf jemanden, der niedergeschlagen oder mit abweisender Miene vor sich hinschlurft. Nein, Sie suchen jemanden, der nicht nur kompetent erscheint, sondern der auch eine freundliche, offene Ausstrahlung hat.

Schaffen Sie um sich eine Atmosphäre, die Menschen spontan auf Sie zugehen lässt!

161

Die gute Aura, mit der Sie sich umgeben müssen, beginnt in Ihrem direkten Umfeld. Meiden Sie jede Gesellschaft, die ihre Identität darin findet, über andere Menschen abfällig zu urteilen. Denken Sie immer wieder an das grundlegende Gesetz des menschlichen Fühlens und Handelns: Man kann nie gleichzeitig zwei entgegengesetzten Gefühlen Raum geben – Gutes tun und Schlechtes reden.

Menschen, die schlecht über andere reden, drücken damit vor allem aus, dass sie im Grunde ihres Herzens auch schlecht von sich selbst denken. Konzentrieren Sie sich auf die positiven Seiten und Sie werden die erstaunliche Entdeckung machen, dass diese Einstellung zu Ihnen zurückkommt. Denken Sie gut über sich und sprechen Sie gut über andere!

162

Das Vertrauen, das Sie benötigen, um Ihr Ziel zu erreichen, können Sie in erstaunlicher Weise in sich wachsen lassen, wenn Sie bereit sind, offene und ehrliche Dialoge zu führen. Gespräche können für Sie nur positiv enden, wenn Sie Ihre ehrliche Meinung äußern. Das setzt voraus, dass Sie ständig im offenen Dialog mit sich selbst stehen. Menschen, die wirklich oben angekommen sind, sind dort, weil sie genau diesen Grundsatz befolgt haben.

Seien Sie bereit, für sich festzustellen, ob Sie sich richtig verhalten oder ob Sie die eine oder andere Angewohnheit ändern müssten. Lenken Sie nie von eigenem Fehlverhalten ab, indem Sie andere kritisieren. Verbessern Sie Ihren Kommunikationsfaktor, indem Sie ständig an sich und an der Vertrauensbasis gegenüber Ihrer Umgebung arbeiten!

163

Eine der wichtigsten Fragen, die die Lebenswissenschaft Motivation zu klären hat, lautet: „Was kann ich tun, um mein Selbstvertrauen aufzubauen?“ Für die meisten von uns stellt sich diese Frage, denn von unserer Herkunft, Erziehung und Ausbildung her haben wir in der Regel Defizite an Selbstvertrauen, die es auszugleichen gilt.

Die erste und wichtigste Frage, die Sie zu beantworten haben und die auch nur Sie beantworten können, lautet: „Wie sehr vertraue ich mir selbst?“ Analysieren Sie die Bereiche, in denen Sie sich wirklich gute Leistungen zutrauen, und glauben Sie mir eines: Menschen, die nur Schwächen haben, gibt es nicht! Geben Sie die Suche nicht auf und Sie werden den Bereich finden, in dem Sie zu Spitzenleistungen fähig sind.

Das ist der Weg zu Ihrem neuen Selbstvertrauen!

164

Erfolgreiches Verhandeln beruht auf Selbstvertrauen und auf gegenseitiger Wertschätzung. Sein Gegenüber in geschäftlichen Verhandlungen als Partner zu betrachten und zu behandeln drückt sich auch in der Körpersprache aus. Signalisieren Sie Ihrem Gesprächspartner mit offener Körpersprache, dass Sie auch für seine Argumente offen sind.

Das hat nichts mit psychologischer Raffinesse zu tun, denn eine ehrliche und überzeugende Körpersprache entspringt nur einer offenen und ehrlichen Geisteshaltung. Wenn eine ehrliche Übereinstimmung zwischen Ihren Gesten und Ihren Aussagen besteht, kommen Ihre Argumente bei Ihrem Gesprächspartner an.

Das Wichtigste bei allen Gesprächen und Verhandlungen ist das Herz. Sympathie läuft immer über das Herz.

165

Selbstvertrauen drückt sich auch im Lächeln aus. Lächeln funktioniert über alle Sprachbarrieren und Kommunikationsprobleme hinweg. Probieren Sie dieses einfachste Mittel menschlicher Kommunikation sofort aus. Sie werden überrascht sein, wie schnell es wirkt.

Wissen Sie, dass man Ihr Lächeln auch durchs Telefon hören kann? Es verändert hörbar und spürbar Ihre Stimme und damit das wichtigste Kommunikationsmittel unserer Zeit. An diesem Lächeln in Ihrer Stimme kann Ihr Gesprächspartner über alle Entfernungen hinweg spüren, dass Sie ihm Sympathie entgegenbringen. Mit diesem Lächeln können Sie unterstreichen, dass Sie mit ihm gemeinsam eine Lösung suchen, mit der beide zufrieden sind. In diesem hörbaren Lächeln wird deutlich, dass der wahre Inhalt von Gesprächen nicht von Fakten, sondern von Persönlichkeiten bestimmt wird.

166

Ein sinnvolles, erfülltes und gleichzeitig erfolgreiches Leben ist nur möglich, wenn die Grundbeziehungen im Leben stimmen. Da ist erstens die Beziehung zu sich selbst, das Selbstvertrauen. Dieses Selbstvertrauen ist die Brücke zum Leben mit sich selbst und zur Gemeinschaft. Selbstvertrauen wächst nicht nur in der Auseinandersetzung mit anderen. Es wächst am stärksten in der Einsamkeit.

Sie müssen bis zu einem gewissen Grad auch fähig zu einsamen Entscheidungen sein, denn nicht alle richtigen Entscheidungen sind mehrheitsfähig. Dazu gehört natürlich eine gute Portion Intuition.

Bewahren Sie sich die Fähigkeit, aus dem Bauch heraus Entscheidungen zu treffen, die alle überraschen. Dann können Sie in bestimmten Situationen die richtige Entscheidung treffen.

167

Wer sich selbst nicht mag, mag auch andere nicht. Diese einfache Gleichung führt zu großen Schwierigkeiten im zweiten Bereich der Grundbeziehungen – in den Beziehungen zu anderen. Das ist offenbar der schwierigste Bereich unseres Lebens.

Die wichtigste Regel scheint mir hier zu sein, dass Sie Ihr Glück nicht von anderen Menschen erwarten dürfen – auch wenn sie Ihnen noch so nahe stehen.

Bleiben Sie in Ihren privaten Beziehungen aktiv. Zeigen Sie zumindest den Menschen, die Ihnen nahe stehen, was Ihnen Spaß macht. Pflegen Sie gemeinsame Hobbys – und vor allem tauschen Sie sich geistig aus, damit Sie nicht plötzlich erstaunt feststellen müssen, dass Ihr Partner in ganz anderen Kategorien denkt.

168

Zum erfolgreichen und erfreulichen Zusammenleben mit anderen gehört auch, dass wir nicht jeden Müll annehmen, den andere bei uns abladen wollen, sei es, dass sie uns schlecht behandeln oder dass sie immer nur Negatives berichten.

Lassen Sie die schlechte Laune anderer einfach an Ihrem fröhlichen Gemüt abprallen wie an einem gut imprägnierten Regenmantel. Nicht jeder finstere Blick, der Sie trifft, ist für Sie bestimmt. Häufig weiß der, der ihn aussendet, einfach nicht, wie er mit seiner schlechten Laune fertig werden soll.

Sie wollen zu einer starken Persönlichkeit reifen? – Dazu gehört es, dass Sie zu einer emotionalen Eigenständigkeit finden, die nicht wie ein Spiegelbild auf jede atmosphärische Störung reagiert!

169

Für unseren Ideenreichtum, für unsere Kreativität, für unseren Geist und für unsere Seele ist die Beziehung zur Schöpfung ganz besonders wichtig. Sie vermittelt uns mit ihrem unendlichen Reichtum das Gefühl der Fülle und gleichzeitig der Demut.

Der Künstler, der Wissenschaftler, der Forscher, der Techniker, der Philosoph – sie alle finden ihre wichtigsten Anregungen in der Natur. Lassen Sie sich in Ihrer Suche nach Erfolg, nach Erfüllung, vor allem von der unendlichen Fülle anregen, die uns die Natur zur Verfügung stellt.

Die Natur zeigt uns mit ihrer Fülle, dass unser größter Reichtum nicht im materiellen Besitz liegt. Die moderne Physik hat uns gelehrt, dass das ganze Universum letztlich aus Energie besteht. Daran sollten wir denken, wenn wir uns kraftlos fühlen!

170

Der vierte Bereich unserer Grundbeziehungen ist der, dem wir uns mit unserem ganzen Nichtwissen und mit unseren größten Hoffnungen nähern – der Glaube. Sicherlich muss jeder für sich selbst definieren, woran er glaubt, aber ich bin fest davon überzeugt, dass ein Leben ohne einen Glauben, der über das Sichtbare und Erfahrbare hinausgeht, sehr arm ist.

Die Beziehung zu sich selbst, zu anderen, zur Natur und zum Kosmos und der Glaube an die Existenz des Göttlichen, das über unser Wissen und Verstehen unendlich weit hinausgeht – das sind die vier Beziehungsbereiche, die stimmen müssen, wenn Sie Ihren Erfolg aufbauen wollen.

171

Je stärker Sie selbst motiviert sind, desto empfänglicher werden Sie für die Gedanken anderer und desto besser können Sie sich geistig auf andere einstellen.

Ich weiß nicht, ob es Gedankenübertragung tatsächlich gibt, aber ich weiß eines ganz genau: Es gibt eine Übertragung der Gefühle! Und dafür brauchen Sie etwas, was noch über der Sympathie steht – dafür brauchen Sie ein tiefes Vertrauen, das in vielen intensiven und innigen Gesprächen aufgebaut wurde.

Suchen Sie jeden Tag wenigstens ein Gespräch, bei dem nicht im Vordergrund steht, dass der eine vom anderen etwas will. Echte Beziehungen beginnen spontan und wachsen in der Zeit!

172

Immer wieder begegne ich Menschen, die an der Kraft der Motivation zweifeln, weil sie nach einer kurzen Phase des positiven Denkens immer noch nicht am Ziel ihrer Wunschträume angekommen sind. Sie glauben, dass Motivation und positives Denken alle Probleme beseitigen können.

Wenn Sie sich der Kraft Ihrer Motivation bewusst sind und wenn Ihre Vorstellung von sich und von Ihrer Lebenssituation grundsätzlich positiv, zuversichtlich und voller Optimismus ist, wird Ihr künftiger Lebensweg völlig anders verlaufen, als Sie sich das bisher vorstellen konnten. Die Kraft der Motivation und des positiven Denkens muss aber auch Ihr Handeln bestimmen.

Erst dann werden Sie trotz aller vorübergehenden Beunruhigungen, Sorgen und Misserfolge niemals den Glauben an sich selbst und an die Verwirklichung Ihrer Ziele verlieren.

173

Begeisterung für unser Dasein ist der Urgrund jedes echten Erfolgs!

Mit dieser Begeisterung möchte ich allen Menschen, die sich in unbefriedigenden Lebenssituationen befinden, Mut machen, ihren eigenen Weg zu gehen. Es ist nach meiner Lebenserfahrung jederzeit möglich, die ausgetretenen Pfade der Orientierungslosigkeit, der Niedergeschlagenheit und der Mutlosigkeit zu verlassen. Was man dafür notwendig braucht, ist neben der Begeisterung natürlich eine gehörige Portion Mut. Erfolg entsteht vor allem durch Mut und durch eine genaue Zielsetzung. Deshalb ist es unabdingbar, sich für diese Voraussetzungen des Erfolgs zu sensibilisieren.

Wenn Sie diesen Weg in Richtung einer dauerhaften Entwicklung Ihrer Persönlichkeit, Ihres Charakters und Ihrer Erfolgsbereitschaft beschreiten wollen, müssen Ihnen die Grundgesetze des Erfolgs durch ständige Anwendung zur zweiten Natur werden. Dann wird Ihr Handeln von diesen unumgänglichen und unumstößlichen Gesetzen getragen sein. Doch am Anfang steht Ihre Bereitschaft zum Wandel.

174

Das Beste, was es in unserem Leben gibt, kommt aus der Begeisterung! Zwar erzielt man Erfolge zunächst, indem man bewusste Entscheidungen trifft und rational handelt. Das große Verlangen nach Erfolg entsteht jedoch, wenn auch auf der Ebene der Emotionen ein großes Seelenfeuer „erfolgt".

Da muss man seinem Gespür und seiner Sensibilität folgen, denn Erfolg ist in wesentlichen Bereichen eine Frage der Intuition, der Emotionen und weniger der nüchternen Überlegungen und des kühlen Verstandes. Wenn Erfolg nur eine Frage des rationalen Denkens wäre, müssten viele Menschen viel erfolgreicher sein.

Es sind die tiefen Emotionen und die echte Begeisterung, die die wirklichen Erfolge erst möglich machen.

175

Ich komme immer wieder darauf zurück: Nichts Großes kann entstehen ohne die Begeisterung für die Schönheit und den Reichtum unseres Lebens!

Es ist dieser göttliche Funke der alles überstrahlenden Begeisterung, der unserem Leben, dem Leben der ganzen Menschheit Hoffnung schenkt. Er schenkt Freude, schenkt Leben und lässt uns begreifen, was uns Menschen an Glück möglich ist!

Begeisterung ist der Atem, den Gott dem Menschen eingegeben und durch den er ihn erst zum Menschen gemacht hat. Dieses Feuer der Begeisterung in uns zu spüren ist die höchste Daseinsform, die wir Menschen erreichen können.

176

Glauben Sie an Ihre schöpferische Kraft! Begeisterung gab den Menschen die göttliche Inspiration, die die wunderbaren Felsenmalereien von Altamira entstehen ließ. Aus Begeisterung für die Größe des menschlichen Geistes wurden die Pyramiden von Giseh gebaut, die alles an mathematischem und astronomischem Wissen in sich vereinen, das die Menschen ergründet hatten. Begeisterung ließ den Menschen unserer Tage unvorstellbare Denkmaschinen entwickeln, die ein Raumschiff in 400 Kilometer Höhe auf einer zentimetergenauen Flugbahn zu einer Raumstation dirigieren.

Ist es nicht unglaublich, was die Kraft der Motivation und der Begeisterung im Laufe der Menschheitsgeschichte zustande gebracht hat? Wir alle haben Teil daran! Lassen Sie sich von der unermesslichen Schöpferkraft des menschlichen Geistes für den Erfolg in Ihrem Leben inspirieren!

177

Entzünden Sie am göttlichen Funken der Begeisterung Ihr Leben! Dieser Funke schenkt uns Menschen Hoffnung, weil mit seiner Hilfe alle Schwierigkeiten und Hindernisse unseres Lebens bewältigt werden können! Oder glauben Sie etwa nicht, dass die Schwierigkeiten, mit denen Sie vielleicht zurzeit kämpfen, mit dieser unendlichen Kraft überwunden werden können?

Begeisterung hilft in jeder Lebenssituation. Sie ist die Antriebskraft, die uns die unendliche Energie verleiht, unser Dasein in gelebtes und erfülltes Leben zu verwandeln!

Begeistern Sie sich für Ihr Leben, für die Wahrheit und Ehrlichkeit in Ihrem Leben und für die Menschen, die dieses Leben zusammen mit Ihnen verbringen!

178

Alle Talente, alle Fähigkeiten, all die Grundtugenden wie Mut, Ehrlichkeit, Ausdauer, Disziplin werden Ihnen aus diesem unauslöschlichen Feuer der Begeisterung zuströmen!

Sie werden sich nie mehr zu sagen brauchen: „Ich muss mein Leben ändern. Ich muss zielstrebiger sein. Ich muss erfolgsbewusster werden. Ich muss mein Selbstvertrauen zurückgewinnen. Ich muss disziplinierter und ausdauernder werden. Ich muss meine Arbeit besser organisieren. Ich muss eine positive Einstellung zu meinen Mitmenschen finden!"

Sie werden jedes „muss" aus Ihrem Leben streichen können und alles das wie von selbst tun, wenn Sie anfangen, sich für Ihr Leben zu begeistern.

179

Ob wir glücklich und erfolgreich sind, hängt von unserer inneren Harmonie und von unserer Begeisterung ab!

Begeistern Sie sich heute wie jeden Tag für die Verwirklichung Ihres Lebensziels – auch in dem Bewusstsein, dass Sie niemals endgültig scheitern können, wenn Sie in Rückschlägen und Niederlagen standhaft bleiben und sich nicht selbst aufgeben.

Die Menschen um Sie herum werden dieses Feuer der Begeisterung in Ihnen brennen sehen und sie werden wie von selbst auf Sie zugehen und Ihnen ihre Hilfe anbieten!

180

Der göttliche Funke der Begeisterung wird in Ihnen ein Feuer entzünden und alle negativen Gefühle, die bis jetzt Ihren Erfolg verhindert haben, werden wie im Schmelzofen eines Goldschmiedes in diesem Feuer gereinigt. Ihr Leben wird in einem Glanz erstrahlen, den Sie nicht für möglich gehalten hätten! Lassen Sie nicht zu, dass dieser Glanz jemals wieder aus Ihrem Leben weicht.

Das ist die Quintessenz der tiefen Erkenntnis des Kaisers Mark Aurel: „Das Leben eines Menschen ist das, was seine Gedanken daraus machen!“

Dieses Denken kann positiv sein und somit eine positive Kraft entwickeln. Es kann aber auch, wenn Sie nicht sehr sorgsam darauf achten, zum Negativen tendieren. Das müssen Sie in jedem Fall verhindern – auch in Kleinigkeiten!

Wenn Sie die Qualität Ihres Lebens nachhaltig verbessern wollen, müssen Sie auch für die Kleinigkeiten positive Lösungen anstreben!

181

Wenn Sie Ihrem Leben von Grund auf eine neue Richtung geben wollen, brauchen Sie Mut und Charakterstärke! Aus einem ganz einfachen Grund: Nicht alle Menschen in Ihrer nächsten Umgebung werden sofort verstehen, was sich tief in Ihrem Inneren verändert hat. Sie sind vielleicht befremdet von der Motivation und der Begeisterung, von Ihrer Freude am Leben und Ihrer Entschlossenheit, Ihr Lebensziel zu erreichen!

Lassen Sie ihnen Zeit, sich an die Veränderungen in Ihrem Verhalten, ja in Ihrer Persönlichkeit zu gewöhnen.

Diese Ablehnung können Sie selbstbewusst und gelassen ertragen. Denn eines ist sicher: Auch Sie werden die Erfahrung machen, dass einen Menschen, der mit ehrlicher Begeisterung an die Verwirklichung seiner Ziele geht, auf Dauer nichts von seinen Vorhaben abhalten kann!

182

Es gibt keine erfolgreiche Idee, für deren Durchsetzung man nicht kämpfen muss! Aber ein positiver Gedanke beinhaltet mehr Durchsetzungskraft als zehntausend Zweifel.

Was Sie mit Ihren Gedanken und Gefühlen, mit geistigen Bildern und in Worten ausstrahlen, zieht Sie auch wieder an. Das ist das uralte Gesetz der Resonanz.

Menschen, die sich mit missmutigem Gesicht und noch negativerer Lebenseinstellung Glück, Erfolg und Reichtum erhoffen, wissen offenbar nicht, dass sie das, was sie ausstrahlen, auch anziehen. Negatives Denken fällt auf den zurück, der diese Gedanken aussendet.

Man muss Gutes säen, um Gutes zu ernten.

183

Ich werde nicht müde, Sie davon überzeugen zu wollen, dass jeder noch so kleine Erfolg wichtig ist. Warum? – Sie haben sicher schon die Erfahrung gemacht, dass erfolgreichen Menschen ab einem gewissen Punkt Glück, Erfolg und Reichtum nur so zuzufliegen scheint, während andere Menschen ein Missgeschick und eine Niederlage nach der anderen erleiden. Das ist wie eine Art Magnetismus, der mit der Programmierung des Denkens zusammenhängt.

Es genügen schon einige wenige Erfolge, um Sie davon zu überzeugen: „Ja, ich bin tatsächlich ein erfolgreicher Mensch!" Von diesem Punkt an gelingt Ihnen immer mehr – nicht zuletzt, weil Sie beherzt auch mal ein Risiko eingehen.

184

Optimismus = Risikobereitschaft plus positives Denken. Optimismus bedeutet: „Mit meinem Können und mit ein wenig Glück wird es gelingen!" Diese optimistische Haltung bedarf umso mehr der Übung, je länger Sie Ihr Denken von negativen Vorstellungen und von einem absoluten Sicherheitsbedürfnis haben leiten lassen.

Sie befürchten, mit Ihrem Vorhaben zu scheitern. Warum durchbrechen Sie diese Angstblockade nicht mit der ganz einfachen Überlegung: „Was kann mir schlimmstenfalls passieren?" Sie werden sehr bald feststellen, dass dieser „schlimmste Fall" nie so schlimm ist, wie Sie befürchtet haben! Erfolg fordert Mut zum Risiko!

185

Für den Aufbruch in ein erfolgreiches Leben gibt es keine Reiserücktrittsversicherung! Alle Unternehmen, die heute groß und erfolgreich sind, hätten in den ersten Jahren nach der Gründung an vielen Punkten scheitern können! Aber das hätte ihnen noch lange nicht die Möglichkeit genommen, es ein zweites und auch ein drittes Mal zu versuchen. Sie alle hatten eine wichtige Strategie für den „worst case" – neu anfangen und mit anderen Mitteln dasselbe Ziel verfolgen.

Durchdenken Sie die Möglichkeiten, die Ihnen in Krisensituationen als Ausweg bleiben, und Sie werden feststellen, dass dieser „schlimmste Fall" an Schrecken verliert.

186

Versuchen Sie nie, Ihre Ängste klein zu reden! Ich weiß, wovon ich spreche, denn ich kenne viele Arten von Angst – die Angst vor der Armut, die Angst vor dem Verlust des Arbeitsplatzes. Als ich schon ein gutes Stück des Weges zum Erfolg zurückgelegt hatte, lernte ich die Angst vor dem erneuten Absturz kennen. Angst verringert automatisch die Lebensfreude. Deshalb ist es so wichtig, die Angst täglich aufs Neue zu überwinden.

Ich lernte, auf die Angst vor Gefahren oder Niederlagen mit totaler Aufmerksamkeit, mit gesteigertem Mut und augenblicklicher Handlungsbereitschaft zu reagieren. So wurde Angst über einen langen Zeitraum hinweg zu einem wichtigen Überlebensfaktor für mich. Letzten Endes lernte ich auf diese Weise meine Angst völlig zu überwinden.

Deshalb möchte ich, dass Sie eine andere Einstellung zu Ihrer Angst finden. Verwandeln Sie Ihre Angst in den Mut zum Risiko, zum Entschluss und zum Handeln.

187

Mut zum Risiko, Mut zur Klarheit, zur ehrlichen Auseinandersetzung ist häufig auch in persönlichen Beziehungen gefordert. Wer jahrelang Angst davor hat, sein eigenes Leben zu leben, weil sonst die Ehe oder die Partnerschaft gefährdet sein könnte, der verliert diese Partnerschaft eben stückweise.

Mit jedem faulen Kompromiss rinnt ein bisschen mehr Glück, Liebe und Selbstvertrauen durch die Sanduhr unseres Lebens. Halbherzige Kompromisse haben einen hohen Zinssatz! Sie kosten oft das ganze Leben!

Auch Partnerschaft fordert Mut zum Risiko, Mut zu klaren Entscheidungen und Mut zu ehrlichen Aussprachen. Bereinigen Sie ungeklärte Lebenssituationen. Anders ist Erfolg nicht möglich!

188

Ihr Mut muss immer ein klein wenig größer sein als Ihre Ängste! Nehmen Sie Ihre Ängste einfach als Gradmesser für Ihren Mut und für Ihr wachsendes Selbstvertrauen!

Alle Ihre großen und kleinen Ängste stehen zwischen Ihnen und Ihrem Erfolg. Jede Angst, der man nicht mit Mut begegnet, gebiert eine neue Angst. Jede mutige Entscheidung stärkt Ihren Mut.

Welches sind die Vorhaben, die Sie „eigentlich“ schon immer mal durchführen wollten? Fassen Sie heute eines davon fest ins Auge und sagen Sie laut und deutlich: „Ja, heute schaffe ich es!“ Und dann fangen Sie umgehend mit der Planung an!

189

Je öfter Sie sich Situationen aussetzen, die außerhalb der gängigen Routine liegen, desto größer wird Ihre Fähigkeit, ungewohnte Aufgaben zu bewältigen.

Überlegen Sie nur mal, woher diese fürchterliche Angewohnheit kommt, jeden Fünf-Minuten-Vortrag mit zehn Folien zu unterlegen? Ist es das geringe Zutrauen zum eigenen Gedächtnis und die Angst, vor großem Publikum stecken zu bleiben?

Befreien Sie sich von der Angst vor dem Publikum und Sie gewinnen an Selbstvertrauen. Ergreifen Sie die nächste Gelegenheit, eine kurze Rede zu halten – frei! Das macht Mut, stärkt Ihr Selbstbewusstsein und gibt Ihnen die Freiheit, auf Anregungen frei zu reagieren! Lebenserfahrung gewinnen Sie, indem Sie sich den Herausforderungen stellen, die Ihnen das Leben bietet.

190

Wenn Sie sich und Ihre Lebenssituation wirklich ernsthaft verändern wollen, müssen Sie von vornherein wissen, dass immer wieder größere und kleinere Schwierigkeiten und damit auch Sorgen auf Sie zukommen werden. Probleme und Sorgen, die Sie nicht hätten, wenn Sie sich nicht verändert hätten.

Das ist unausweichlich mit jeder Veränderung verbunden, und das ist es auch, was in vielen Menschen die veränderungsfeindliche Mutlosigkeit entstehen lässt.

Sie werden aber bereits nach kurzer Zeit feststellen, dass Probleme, denen Sie mit Mut entgegentreten, viel seltener wieder auftauchen, während Sie in einer Phase der Mutlosigkeit immer wieder damit zu kämpfen hatten. Welches konkrete Problem wollen Sie heute anpacken?

191

Unser Leben ist ein wunderbares Geschenk – aber wie jedes Geschenk müssen wir es ganz bewusst annehmen, um seinen Wert zu erkennen. Viele Menschen scheinen dieses Geschenk sehr gering zu achten. Sie stellen es lustlos in die Ecke und lassen zu, dass es allmählich immer mehr vom Staub der Routine zugedeckt wird. Oder sie holen es nur am Wochenende oder im Urlaub hervor. Ja, sie beschränken ihr Leben auf die Freizeit, auf ihre Hobbys oder auf Träume aus den Hochglanzbroschüren.

Das dürfen Sie dem Wertvollsten, was Sie besitzen, Ihrem Leben, nicht antun. Leben Sie bewusst! Ja, stellen Sie sich vor den Spiegel und fragen Sie sich ernsthaft: „Was willst du vom Leben?“ Das Leben wird Ihnen antworten!

192

Die Frage, die Sie sich jeden Tag stellen sollten, lautet: „Wie kann ich innerlich wachsen und Kraft gewinnen für die Reise zu meinem wahren Lebensziel?“

Die Antwort darauf müssen Sie mit Ihrer ganzen Person geben – mit allem, was Sie tun, was Sie nicht tun, was Sie mit Freude tun. Bereiten Sie sich selbst jeden Tag ganz bewusst Freude.

Lassen Sie sich ganz bewusst auf Ihr ureigenstes Leben ein, und Sie werden sich von einer unbefriedigenden und lähmenden Belanglosigkeit des Alltags befreien. Hüten Sie sich vor dem „Lebensersatz“.

193

Wie gestaltet man ein erfolgreiches Leben? – Sie stimmen sicher mit mir überein, dass es auf diese Frage höchst unterschiedliche Antworten gibt. Gestalten Sie Ihr Leben so, dass es Ihnen die größtmögliche Freude und Befriedigung bereitet.

Freude und Befriedigung bedeuten nicht, dass man immer den bequemsten Weg geht, ganz im Gegenteil. Sie wissen sicher, dass wir Menschen die größte Freude und das tiefe Gefühl, mit jeder Faser unseres Körpers zu leben, dann empfinden, wenn wir uns bis an unsere Grenzen verausgabt haben.

Suchen Sie in allem, was Sie tun, die Freude, die Ihnen mehr Energie schenkt, als Sie verbrauchen! Das ist der positive Stress, der uns mit Energie und Spannkraft auflädt.

194

Wenn Sie Erfolg haben wollen, müssen Sie belastbar und ausdauernd sein. Sie müssen auch nach einer mehrstündigen Autofahrt oder nach einem Flug über die Zeitgrenzen hinweg in der Lage sein, noch Stunden körperlich fit und geistig völlig klar zu verhandeln. Oder Sie müssen nach einem anstrengenden Arbeitstag noch bis in die frühen Morgenstunden ein Angebot, einen Verhandlungsentwurf ausarbeiten usw.

Diese Leistung können Sie nur erbringen, wenn Sie körperlich absolut fit sind. Deshalb mein guter Rat: Egal, was Sie persönlich bevorzugen – Schwimmen, Joggen, Wandern oder Tennisspielen –, bringen Sie Ihren Körper in Form. Das lüftet auch den Geist!

Achten Sie auf Ihre Gesundheit und halten Sie sich körperlich fit. Das ist unverzichtbar, wenn Sie auf Dauer erfolgreich sein wollen!

195

Sie haben in Ihrem Tagesablauf keine Zeit für ein regelmäßiges Fitness- und Gesundheitsprogramm? – Diese Ausrede dürfen Sie sich nicht gönnen, denn spätestens, wenn Ihr Körper der Daueranstrengung nicht mehr standhält, werden Sie Zeit haben müssen.

Sie haben in den vergangenen Jahren überhaupt keinen Sport betrieben? Gut, Sie wollen auch nicht an der nächsten Olympiade teilnehmen. Aber Sie wollen gesund und fit bleiben! Beginnen Sie mit dem festen Entschluss, dreißig Tage lang keinen Lift zu benützen. – Warum nur dreißig Tage lang? – Weil das genügt, um eine Gewohnheit daraus zu formen!

196

Kennen Sie das – je größer die Herausforderungen sind, denen wir uns stellen, desto größer ist auch die Versuchung, irgendwelchen Ausflüchten nachzugeben. Diese beunruhigende Wahrheit erlebte ich ganz stark, als ich in New York meinen ersten Marathon lief.

Am Abend vor dem Lauf beschloss ich, mir zur Belohnung für nachher noch ein Fitnessbad zu kaufen. Im Supermarkt knallte mir auf dem Weg zur Kasse eine Frau ihre schwere Einkaufstasche mit Konservendosen gegen das Knie. Das Knie schwoll an und plötzlich verdichteten sich alle meine Ängste vor dieser Herausforderung in diesem geschwollenen Knie. Ich könnte dieses geschwollene Knie fotografieren und alle Freunde würden verstehen, dass ich damit nicht an den Start gehen konnte.

Lauter so faule Ausreden gingen mir durch den Kopf, und auch während des Laufs tauchte immer wieder die Frage auf: „Warum tust du das überhaupt?“ So kämpfte ich fast mehr gegen meine Gedanken als gegen die Schmerzen in meinem Körper.

Erst mit dem Ziel vor Augen wusste ich, dass ich es schaffen werde!

197

Der Weg zu sich selbst führt über den Körper! In ihm drückt sich unser Geist aus. Er lädt sich mit Spannkraft auf, wenn wir glücklich sind; er reagiert auf Angst und seelische Unordnung mit Energieverlust und Krankheiten. Das ist der Grund, warum wir nie den Körper aus ihm selbst heraus heilen können. Unser Körper ist ein Spiegelbild unseres Geistes.

Schon die Römer haben diese Wechselwirkung zwischen Körper und Geist in dem kurzen Spruch zusammengefasst: Ein gesunder Geist in einem gesunden Körper!

Wenn Sie also Ihren Körper gesund erhalten wollen, müssen Sie in Ihrem Geist Ordnung schaffen. In Ihrem Geist können Sie aber nur Ordnung schaffen, wenn Sie Ihr Leben ordnen. Beginnen Sie noch heute damit!

198

Viele Menschen glauben, dass das Leben vor allem aus „action“ besteht – ein wenig Nervenkitzel und schon ist das Leben wieder interessant. Deshalb verfallen sie dem Trugschluss, sie könnten dem Frust eines unbefriedigenden Alltags entfliehen, indem sie sich per Fernbedienung in eine neue „virtual reality“ beamen. Das funktioniert leider nicht so einfach. Entscheidende Veränderungen brauchen Zeit zum Wachsen.

Wir können eine neue Idee, ein Ziel, eine Vision intuitiv mit einem Schlag erfassen, aber wir können sie erst voll und ganz erfassen, wenn wir Tag für Tag versuchen, sie mit unserem Leben zu verwirklichen!

Auch Erkenntnisse, die uns wie Schuppen von den Augen fallen, müssen durch ein tägliches Trainingsprogramm in unserem Leben verankert werden!

199

Wenn Sie mit Ihrem Leben unzufrieden sind, wenn Sie das intensive Gefühl haben: „Das kann noch lange nicht alles gewesen sein!“, dann möchte ich Ihnen den aufmunternden Satz aus der Bibel zurufen: „Steh auf, nimm dein Bett und geh!“

Ja, erheben Sie sich aus einem Leben, das vielleicht bequem ist, das Sie aber in keiner Weise zufrieden stellt. Schöpfen Sie Mut. Tanken Sie Begeisterung. Gehen Sie auf ein neues, zielbewusstes und erfolgreiches Leben zu.

Diese Aufmunterung hat eine unglaubliche Heilwirkung. Sie bedeutet vor allem: „Sieh dich um! Die Welt ist voller Schönheit, voll Reichtum und voller Möglichkeiten – du musst nur mit offenen Armen und einem offen Geist auf sie zugehen!“

200

Auch ohne Tabellen und Rechenschieber hat jeder von uns eine ziemlich genaue Vorstellung von seiner Idealfigur und von seinem gesundheitlichen Idealzustand. Erkennen Sie, wie weit Sie davon entfernt sind? Oder gehören Sie zu den Glücklichen, deren Körper in Idealform ist? Wenn ja, dann herzlichen Glückwunsch! Wenn nicht, sollten Sie ein konsequentes Programm für Ihre Gesundheit beginnen!

Warum? – Weil jedes erreichte Ziel, jeder errungene Erfolg, jeder erworbene Reichtum nur Sinn haben, wenn Sie damit Ihre Gesundheit, Ihre innere Harmonie und Ihren Seelenfrieden stärken.

201

Selbst das größte Genie ist ohne Disziplin vergeudet!

Wie beurteilen Sie Ihre Selbstdisziplin und Ihre Selbstbeherrschung? Wie groß ist Ihre Disziplin in sogenannten Äußerlichkeiten? Drehen Sie sich nach dem Läuten des Weckers lieber noch einmal um und verzichten dafür auf Ihr Frühstück? Oder haben Sie die Disziplin, sofort aus dem Bett zu springen?

Überlegen Sie, wie Sie zu einer Vereinbarung unter allen Umständen pünktlich erscheinen können, oder denken Sie eher über eine Reihe gut klingender Ausreden nach?

Ich hoffe, Sie halten diese Fragen nicht für überflüssig. Von Ihrer Disziplin, Konsequenz und Zielgenauigkeit hängt ganz wesentlich Ihr Lebenserfolg ab.

202

Verlässlichkeit ist eine der wichtigsten Voraussetzungen für ein produktives und harmonisches Zusammenleben, beruflich wie privat. Die Grundvoraussetzung für Verlässlichkeit ist Disziplin. Manche Menschen halten es für Disziplin, wenn sie pünktlich zur Arbeit erscheinen und pünktlich wieder nach Hause gehen. Verlässlichkeit aber bedeutet, so lange an einer Arbeit dranzubleiben, bis sie erledigt ist.

Verlässlichkeit ist also mehr als bloße Disziplin. Verlässlichkeit ist eine Grundvoraussetzung für Erfolg. Verlässlichkeit bedeutet, das, was man als richtig und notwendig erkannt hat, auch dann einzuhalten, wenn alle möglichen Verlockungen an den guten Vorsätzen zerren.

203

Auf dem Weg zu Ihrem Ziel werden Sie sich häufig in Situationen wiederfinden, in denen die Versuchung groß ist, einen Teilerfolg für das Ganze zu nehmen. Viele Menschen geben nicht nur bei Niederlagen auf. Sie verlieren im Laufe der Zeit das große Ziel aus den Augen und geben sich halbherzig mit dem Satz zufrieden: „Was soll diese Schufterei! Ich habe nun wirklich schon viel erreicht. Mehr kann man nicht von mir verlangen!"

Das ist, wie wenn Sie sich vorgenommen haben, auf einen Berg zu steigen, und sich auf halbem Weg hinsetzen und sagen: „Von hier aus ist die Aussicht auch schon ganz schön!" Das angestrebte Ziel entschwindet auf Nimmerwiedersehen und zurück bleibt eine große Unzufriedenheit. Begegnen Sie dieser Versuchung mit Verlässlichkeit und Ausdauer!

204

Träumen Sie häufig vom mühelos erlangten Reichtum? Von einem Lottogewinn, von einer Erbschaft oder von einer großzügigen Zuwendung, die Sie aller Sorgen enthebt?

Diese Art von Träumen sollten Sie so schnell wie möglich aus Ihren Gedanken verbannen. Sie spiegeln Ihnen die falschen Erfolge, die falschen Reichtümer und vor allem den falschen Weg zum Erfolg vor.

Träume vom schnell erworbenen Reichtum hindern Sie daran, Ihre ganze Kraft für die Verwirklichung Ihres Lebenszieles einzusetzen – und Letzteres ist es doch, was Sie erreichen wollen!

Echte Erfolge entstehen durch Risikobereitschaft, Mut, Ausdauer und durch zähes Ringen! Und das ist gut so – für die Verwirklichung unserer Persönlichkeit!

205

Eines Ihrer Lebensziele sollte lauten, so lange zu lernen, wie Sie leben. – Warum? – Wer nichts mehr dazulernt, fängt an, stehen zu bleiben, und stehen bleiben kann man nur für kurze Zeit – dann beginnt der Rückschritt!

Zum Wissen gehört allerdings auch, dass man es nutzbringend anwendet. Ich kenne viele hochgebildete Menschen, die am Rande des Existenzminimums leben. Und es gibt viele Menschen, die gelernt haben, ihr relativ bescheidenes Wissen so konzentriert einzusetzen, dass daraus ein großer Erfolg entstanden ist. Wissen schafft erst Vermögen, wenn es richtig angewandt wird!

206

Mit Ideen verhält es sich wie mit Rohdiamanten. Sie müssen in mühevoller Arbeit geschliffen werden, Facette für Facette. Das verlangt höchste Konzentration, Mut und Ausdauer. Jeder noch so kleine Handgriff muss hundertprozentig sitzen, denn die kleinste Ungenauigkeit kann den ganzen Stein verderben.

Das ist ein bisschen wie die Quadratur des Kreises, denn vieles an Wissen und Können, was Sie zur Umsetzung Ihrer Ideen benötigen, werden Sie erst in dem Moment erfahren, in dem Sie es brauchen!

207

Beantworten Sie sich selbst ganz ehrlich die Fragen: Wie viel Zeit verbringen Sie vor dem Fernseher und wie viel Zeit investieren Sie täglich in die Erweiterung und Anwendung Ihres Wissens?

Ich möchte Sie dazu motivieren, Ihren Tagesablauf so zu verändern, dass Sie sich täglich über das Weltgeschehen informieren, ehe Sie Ihre Arbeit beginnen, und dass Sie täglich Ihr Wissen erweitern, ein Buch lesen, sich Informationen aus dem Internet holen, Ihre Fremdsprachenkenntnisse verbessern.

Ihr Leben muss von dem Bewusstsein geprägt sein, dass Sie täglich ein bisschen besser werden, um so das ganze Potenzial, das in Ihnen vorhanden ist, wirksam werden zu lassen!

208

Das Leben stellt jedem Menschen seine ganz persönliche Herausforderung. Es liegt ganz an uns, ob wir diese Herausforderung annehmen.

Ich denke, Sie haben sich dafür entschieden, diese Herausforderung anzunehmen. Besinnen Sie sich auf die individuellen und einmaligen Fähigkeiten, die in Ihnen verborgen sind, und versuchen Sie mit Kreativität, Selbstvertrauen, Fleiß, Ausdauer und Begeisterung Ihre Lebensleistung zu steigern.

Fangen Sie an, auf Ihre eigenen Erfolge zu vertrauen. Führen Sie ein Tagebuch über alles, was Ihnen Positives begegnet und was Ihnen an Ihnen selbst positiv auffällt. Sie sind für den Erfolg geboren. Der Einzige, der Sie auf Dauer davon abhalten kann, sind Sie selbst.

209

Hingabe an und Begeisterung für ein Lebensziel bedeutet vor allem: Ich nütze jeden Tag meines Lebens, weil ich weiß, dass jeder vergeudete Tag, jede ungenutzte Stunde unwiederbringlich verloren ist – für die Entwicklung meiner Fähigkeiten, für die Erweiterung meines Wissens, für ausgefüllte Mußestunden, für meine Annäherung an Glück, Zufriedenheit und Erfolg.

Aus diesem Wissen um die Vergänglichkeit der Lebenszeit erwächst die Notwendigkeit zur Disziplin und zur Sparsamkeit im Umgang mit der Zeit. Sobald Ihr Bedürfnis nach Erfolg zu einem brennenden Verlangen geworden ist, werden Sie Ihre Lebenszeit ganz von selbst bestmöglich nutzen.

210

Tugenden wie Fleiß, Pünktlichkeit, Verlässlichkeit, Ehrlichkeit und Mut zählen unabdingbar zu den selbstverständlichen Voraussetzungen, die ein erfolgsbewusster Mensch mitbringen muss. Wer sich nicht selbst beherrscht, kann andere nicht dafür gewinnen, sich für seine Ideen und Pläne zu begeistern. Wer selbst Vorbild sein will, muss außer an Überzeugungskraft auch ein Vorbild an Disziplin sein.

Das gepflegte Aussehen, ein geordneter Arbeitsplatz sind nur die äußeren Merkmale einer Tugend, die man im Laufe seiner Persönlichkeitsentwicklung verinnerlichen muss. Disziplin, gepaart mit Mut, ist die wichtigste Voraussetzung für die Formung des Charakters!

211

Disziplin bedeutet keinesfalls, dass für zwischenmenschliche Kontakte, für Gespräche mit Kollegen oder Mitarbeitern keine Zeit bleibt – ganz im Gegenteil. Disziplin im Zeitmanagement wird Ihnen genau den Zeitgewinn verschaffen, den Sie brauchen, um frei von Hetze, von Stress, von Termindruck persönliche Kommunikation pflegen zu können.

Probieren Sie einmal etwas ganz Ungewöhnliches aus: Treffen Sie sich mit einem Mitarbeiter oder mit einem Kollegen vor Arbeitsbeginn zum Frühstück in einem Café! In dieser Atmosphäre können Sie ganz schnell auf den Punkt kommen, faire Kritik äußern, sich gegenseitig Ratschläge geben und anschließend frisch motiviert an die Arbeit gehen!

Die Routine durchbrechen und ungewöhnliche Dinge tun schafft eine lebendige Atmosphäre der Motivation!

212

Unser gesellschaftliches Leben ist leider so eingerichtet, dass wir ständigen Verlockungen zu Alkohol- und Nikotingenuss ausgesetzt sind. Es erfordert sehr viel Disziplin, dieser allgemein akzeptierten und praktizierten Suchtbefriedigung zu widerstehen. Sicher ist nichts dagegen einzuwenden, bei einer Einladung oder auch zu einem schönen Essen ein oder zwei Glas Wein zu trinken. Es verlangt aber sehr viel Disziplin, es dabei zu belassen.

Häufig besteht ein direkter Zusammenhang zwischen dem Verlust der „Lebensziele", wachsender Frustration und dem übermäßigen Genuss von Alkohol, Nikotin und auch Essen! Kummer über Ziele, die man nicht erreicht hat, über Erfolge, die einen nicht befriedigen, über eine Partnerschaft, die nicht mehr mit Leben erfüllt ist.

Disziplin allein genügt hier nicht. Man muss die Gründe für diese Art von Seelenbefriedigung offenlegen und überwinden.

213

Wer sich angewöhnt hat, die vielen Verkrampfungen und fühlbaren Verspannungen, mit denen unser Körper auf unseren falsch programmierten Geist reagiert, mit allen möglichen Suchtmitteln zu lockern, der befindet sich auf einem ganz gefährlichen Trip.

Eines ist jedoch sicher – auch davon kann man sich lösen. Am besten in kleinen Schritten! Nehmen Sie sich einen Tag „ohne“ vor, einen Tag, an dem Sie weder ein Geschäftsessen, eine Party noch sonst irgendeine Veranstaltung im Terminkalender stehen haben – und schreiben Sie für diesen Tag ein Kürzel in Ihren Kalender. Das bedeutet: Heute kein Wein, kein Bier, keine Zigaretten oder was auch immer!

Halten Sie durch in dem Bewusstsein, dass dieser kleine Verzicht einer der notwendigsten Schritte auf dem Weg zum Erfolg ist! Freiwillige Enthaltsamkeit hat eine ungeahnte Wirkung auf Ihr Unterbewusstsein, auf Ihr Selbstbewusstsein und auf Ihren Stolz.

214

Hat sich Ihre Grundstimmung gegenüber dem Leben verändert, seit Sie mit Motivation und Begeisterung an Ihrer Zukunft arbeiten? Glauben Sie an die Kraft des Guten, der Freude und des Glücks? Glauben Sie an den Sieg der Gerechtigkeit? Glauben Sie an die Kraft intakter Beziehungen? Glauben Sie an die reinigende Wirkung ehrlicher und aufrichtiger Gespräche? Glauben Sie an Gott? Glauben Sie daran, dass jeder Mensch auf dieser Erde einen Auftrag zu erfüllen hat und dass er alle Anlagen und Kräfte mitbekommen hat, die er zu dessen Ausführung benötigt?

Oder zögern Sie immer noch, diesen Auftrag mit Ihrem Leben zu verwirklichen? Das dürfen Sie sich selbst nicht antun! Schließen Sie die Augen, breiten Sie Ihre Arme aus und sagen Sie laut und deutlich: „Ja, ich bin bereit für den Erfolg meines Lebens!“

215

Viele Menschen suchen immer nur nach dem, was in ihrem Leben schiefgelaufen ist. Ihre Erinnerung an die Kindheit ist oft von dem geprägt, was Wunden geschlagen und Narben hinterlassen hat. Viele begründen bis ins hohe Alter ihr persönliches Versagen und Schwierigkeiten in ihren zwischenmenschlichen Beziehungen mit schlimmen Erfahrungen, die sie in ihrer Kindheit machen mussten.

Auch meine Kindheit und Jugend war von Erlebnissen und Erfahrungen geprägt, die über eine lange Zeit meines Lebens sehr belastend waren. Aber gerade weil ich weiß, dass wir unsere Kindheit nicht ablegen können, möchte ich Ihnen einen Rat geben: „Erinnern Sie sich auch an die schönen Seiten Ihrer Kindheit!“ Plötzlich werden Sie wundervolle Dinge entdecken, die Sie vielleicht längst vergessen haben.

216

Wie weit wir in unserem Leben auch vorwärts schreiten – wir können unsere Herkunft nicht einfach ablegen wie einen Anzug oder ein Kleid, das uns zu eng geworden ist. Aus vielen Gesprächen und aus meiner eigenen Erfahrung weiß ich, dass es nicht immer leicht ist, seine Herkunft anzunehmen.

Aber ich weiß auch, wer seine Herkunft nicht annimmt, lebt mit einem beträchtlichen Teil seines Wesens im Zwiespalt. Gerade in unseren engsten Beziehungen lassen wir uns nur allzu gern dazu verleiten, uns mit Schwarzweißmalerei und Klischeevorstellungen zufrieden zu geben. Klischees verstellen jedoch immer die Wirklichkeit!

Denken Sie einmal so objektiv wie möglich darüber nach, was Ihnen Ihre Eltern Positives auf Ihren Lebensweg mitgegeben haben – Sie werden ganz erstaunliche Entdeckungen machen.

217

Was immer sich aus einem Mangel an Ausbildung, an Wissen oder auch an gesellschaftlichem Status für Sie ergeben haben mag – bleiben Sie nie bei diesen scheinbaren Nachteilen stehen.

Sie kennen doch die wichtigste Grundlage von Wissen und Bildung: Wissensdurst und Bildungshunger! – Diese Grundlage kann Ihnen niemand nehmen.

Viele der Menschen, die wir heute als groß und bedeutend ansehen, hatten nichts als dieses brennende Verlangen nach Eroberung des Unbekannten.

218

Sie kennen das eigenartige Zusammentreffen von Gedanken mit der Wirklichkeit. Sie denken an einen Menschen, den Sie vielleicht Wochen oder Monate nicht mehr gesehen haben – und wenige Minuten später ruft dieser Mensch an. Irgendetwas in Ihrer Wahrnehmung hat diesen Gedanken hervorgerufen und über Ihr Unterbewusstsein an Ihr Wachbewusstsein weitergeleitet.

Ein ähnliches Gefühl entsteht, wenn sich irgendwo eine Schwierigkeit anbahnt, ohne dass es schon greifbare Anzeichen dafür gibt. Selbstverständlich ist auch das positive Gegenteil möglich – Sie haben eine Ahnung: „Ja, dieses Zusammentreffen wird mir den Durchbruch bringen!"

Auf diese Intuition sollten Sie nicht nur sehr feinfühlig hören, Sie müssen sie geradezu pflegen und weiterentwickeln! Der siebte Sinn schenkt uns im Leben oft die entscheidende Weichenstellung.

219

Zahlreiche Biografien erfolgreicher Menschen beweisen es: Kein wirtschaftliches oder privates Unglück kann so groß sein, dass es keine Hoffnung auf Besserung mehr gäbe!

Wer dagegen immer nur das Schlechteste vom Leben erwartet, darf sich nicht wundern, wenn es tatsächlich eintrifft! Intuition verhält sich nämlich völlig neutral. Wenn man sie nur mit negativen Erwartungen füttert, kann sie keine positiven Ergebnisse hervorbringen. Wer nichts Gutes erwartet, wird auch geistig nicht bereit sein für Zufälle, die ihm das Leben „zuspielt".

Sie sehen, selbst Ihre Intuition und die Zufälle, die Ihnen begegnen, können Sie mit positivem oder negativem Denken steuern. Menschen, die Ihnen begegnen, spüren intuitiv, ob Sie positiv oder negativ gestimmt sind – und reagieren entsprechend. So können Sie durch eine positive Ausstrahlung positive Zufälle hervorrufen.

Steigern Sie daher unbedingt die positive Kraft Ihrer Intuition!

220

Es ist sicher normal, wenn wir in einer ausweglos erscheinenden Situation vorübergehend die Nerven verlieren. Gleichzeitig wissen wir, dass wir erst dann verloren haben, wenn wir eine Niederlage als endgültig betrachten und sie innerlich akzeptieren.

Meine Erfahrung und der Verlauf meines ganzen bisherigen Lebens beweisen, dass es keinen Grund gibt, auch nicht an einem totalen Tiefpunkt, die Hoffnung auf einen entscheidenden Wandel aufzugeben.

Lassen Sie daher in schwierigen Lebenssituationen Ihrer Intuition Zeit, einen Ausweg zu finden. Geben Sie sich selbst den Freiraum, eine Nacht über scheinbar unausweichliche Entscheidungen zu schlafen.

In jedem Menschen gibt es einen unzerstörbaren Kern, den keine noch so große Niederlage erreichen kann. Das ist auch der Kern, aus dem wir immer wieder Hoffnung schöpfen können.

221

Die rastlose Suche nach dem Kick ist keineswegs nur das Merkmal der jungen Generation. Ich erlebe immer wieder Menschen, die nach großen wirtschaftlichen Erfolgen in eine tiefe Inhaltslosigkeit und Leere verfallen. Sie zeigen damit deutlich, dass sie einzig und allein ihr Bankkonto aufgefüllt haben, aber nicht die Basis ihrer Persönlichkeit. Mit all ihren teuren Hobbys sind sie im Grunde ständig auf der Flucht vor der Frage: „War das schon alles?" Daher meine dringende Warnung an alle Erfolgreichen: Erfolg ist niemals eine Endstation! Auch wenn Sie Ihr Ziel schon erreicht haben sollten, werden Sie nie sagen können: „Jetzt habe ich den Erfolg ein für alle Mal in der Tasche!"

Erfolg ist eine Lebenseinstellung, die nach immer neuer Bestätigung sucht, denn letztlich geht es um den Beweis der eigenen Kraft, des eigenen Potenzials und um die völlige Harmonie von Körper, Geist und Seele.

222

Lassen Sie sich niemals von den vermeintlich objektiven Beurteilungen anderer in Ihrem Selbstvertrauen einschränken. Kein noch so ausgefeilter Test kann letztlich Auskunft darüber geben, was an Möglichkeiten in Ihnen steckt!

Die Fülle Ihrer Fähigkeiten und Möglichkeiten wird auch nicht von Ihrer Herkunft oder vom Grad Ihrer Intelligenz festgelegt. Ich habe schon Menschen erlebt, die einen IQ von mehr als 130 hatten und dabei absolut lebensuntüchtig waren.

Ein IQ-Test hat nur eine sehr geringe Aussagekraft hinsichtlich des möglichen Erfolgs eines Menschen. Denn er misst nicht die Leuchtkraft Ihrer Begeisterung, die Stärke Ihres Mutes und schon gar nicht die Kraft Ihrer Intuition und Ihrer Ausdauer!

223

Wenn wir die Erfolgsgeschichten berühmter Menschen lesen, entsteht häufig der Eindruck: Ja, das ist der logische Verlauf eines erfolgreichen Lebens. Alles passt zusammen – ein genialer Mensch, eine geniale Idee, ihre Durchführung, verbunden mit ein paar kleineren Niederlagen, die mit viel Glück überwunden werden – und am Ende stehen unermesslicher Reichtum, grenzenlose Bewunderung vom Gros der wenig erfolgreichen Masse.

Halten Sie sich eines immer wieder vor Augen: Was vom Gipfel des Erfolgs her aussieht wie ein fertiges Puzzle, das nur noch Schritt für Schritt zusammenzusetzen ist, das musste nicht nur erdacht, sondern auch Stein für Stein erkämpft werden.

In der Spannung zwischen dem Ziel und der Realität erkennen wir den tiefen Sinn unseres Lebens!

224

Für die Lösung scheinbar unlösbarer Probleme gibt es eine sehr vielversprechende Methode: die Festlegung auf einen Termin, bis zu dem das Problem gelöst sein muss, die unbedingte Entschlossenheit, das Problem innerhalb der gegebenen Frist zu lösen, und die totale Konzentration auf diese Aufgabe.

Isaac Newton praktizierte diese Methode, nachdem er sich bereits viele Jahre vergeblich mit dem Problem der Schwerkraft beschäftigt hatte. Er setzte einen Tag fest und nahm sich vor: „Heute werde ich mich ausschließlich mit diesem Problem beschäftigen – und es lösen!“ Ein „Zufall“ kam ihm zu Hilfe. Ein Apfel fiel zur Erde oder wie es die Anekdote will – ihm auf den Kopf. Das brachte ihm die Lösung, weil er sein ganzes Wissen und seine Intuition mit diesem „Zufall“ verband.

Verbinden Sie die Lösung anstehender Probleme, aber auch die Erfüllung lang gehegter Wünsche immer mit einem festen Datum! Zufälle nimmt nur der wahr, der seinen Geist, seine Energie, sein Gefühl, seine Wahrnehmung auf einen Punkt konzentriert.

225

Wie die plötzliche Lösung ungelöster Lebensfragen im Einzelnen funktioniert, kann man meist nicht rational nachvollziehen. Was jedoch dabei passiert, gleicht dem Blick auf computergezeichnete 3-D-Bilder. Sie bestehen aus endlosen Mustern, scheinbar ohne Struktur und ohne erkennbaren Sinn. Wenn man aber durch diese Oberfläche hindurchsieht, springt das Bild plötzlich um und wir erkennen tanzende Delfine, galoppierende Pferde oder wunderschöne Landschaften.

In jedem Leben verbergen sich traumhaft schöne Wirklichkeiten – oftmals hinter einer eintönigen Oberfläche. Wir müssen sie nur zum Vorschein bringen!

226

Denken Sie sich täglich in Situationen hinein, in denen Sie erfolgreich sein werden. Stellen Sie sich Situationen vor, die Ihnen ganz besonders erstrebenswert erscheinen und mit denen Sie das Gefühl eines großen persönlichen Erfolgs verbinden. Sie sehen sich durch ein Gebäude schlendern, das Sie entworfen haben. Sie halten einen Vortrag über ein Experiment, das Ihnen nach vielen Versuchen gelungen ist. Sie setzen Ihre Unterschrift unter einen Vertrag, der Ihnen eine glanzvolle Zukunft sichert.

Lassen Sie sich dazu ruhig von den Traumkarrieren anderer Menschen anregen. Das ist etwas gänzlich anderes als Neid. Im Gegenteil.

Beflügeln Sie Ihre Fantasie mit Zielen und Sie bekommen einen Eindruck, was im Leben möglich ist und wofür es sich zu kämpfen lohnt!

227

Die konkrete, bildliche Vorstellung ist die wichtigste Basis für Ihren Erfolg. Verbinden Sie das Ziel, das Sie erreichen möchten, immer wieder mit Bildern von hoher Suggestionskraft. Stellen Sie sich vor, mit welchen Menschen Sie gern verhandeln, zusammenarbeiten oder auch nur sprechen möchten. Das können Ihre Vorbilder sein oder einfach höchst interessante Menschen, von denen Sie wichtige Impulse empfangen können.

Je stärker Sie Ihre Fantasie mit konkreten Bildern aufladen, desto größer ist die Wahrscheinlichkeit, dass diese Bilder Wirklichkeit werden, weil sich auf diese Bilder hin Ihr Selbstbewusstsein formen wird. Das Bild, das Sie von sich selbst haben, kann nur größer werden, wenn Sie ganz bewusst den Rahmen vergrößern!

228

Die Schwierigkeiten der meisten Menschen hängen mit Finanzproblemen zusammen. Dazu muss man wissen, dass Engpässe immer das Resultat einer mangelhaften Einstellung zu Geld sind. Sie sollten sich also darüber klar werden, was für eine Einstellung zu Geld Sie haben.

Wenn Geld etwas ist, das Ihnen Freude bereiten soll, dann können Sie dazu eine gute Beziehung aufbauen. Wer ständig als seine Lebensphilosophie von sich gibt: „Geld interessiert mich nicht!“, braucht sich nicht zu wundern, wenn das Geld sich nicht für ihn interessiert.

Sie werden Ihre finanziellen Probleme sehr schnell lösen können, wenn Sie ein Bewusstsein dafür entwickeln, dass Geld nichts anderes ist als die Umwandlung einer Leistung in Energie.

229

Reichtum hängt nicht davon ab, wie viel Geld jemand besitzt. Reichtum entspringt ausschließlich dem Gefühl der Freude über das Leben, das man führt.

Ich hatte in den vergangenen Jahren vielfach Gelegenheit, rund um den Erdball Menschen kennenzulernen, die sich mit einer nie nachlassenden Motivation genau das Leben geschaffen haben, das sie sich oft von Kindheit an erträumt hatten – Politiker, Unternehmer, Künstler, Professoren, Rechtsanwälte, Schauspieler, Ärzte, Handwerker – quer durch das ganze Branchenverzeichnis. Ja, ich traf sogar Menschen, die mit ihren Berufen in keinem Branchenverzeichnis stehen, weil sie diese erst für sich geschaffen haben.

Die Karrieren all dieser Menschen waren so unterschiedlich, wie das Leben nur sein kann, und es ist völlig belanglos, wie viele Nullen vor dem Komma ihre Bankkonten aufwiesen. Wirklich entscheidend war die Geisteshaltung, mit der sie ihr Lebensziel verwirklichten. Erfolgreiche Menschen strahlen etwas aus, das mit den herkömmlichen Kriterien von Geld und materiellem Reichtum nicht zu messen ist.

230

Die Vorstellung, dass die Menschen gleichsam an einer „Schicksalslotterie“ teilnehmen, ist weit verbreitet. Diese Vorstellung ist ganz ursächlich mit einer großen Ziellosigkeit und einer noch größeren Erfolglosigkeit verbunden.

Sie haben sich für einen anderen, einen positiven Weg entschieden. Deshalb möchte ich Sie immer wieder begeistern für die unglaubliche Kraft des optimistischen, zukunftsorientierten Denkens. Schaffen Sie in Ihrem Denken Raum für kleine und natürlich für ganz große Erfolge.

Der inständige Glaube an Erfolg ist ein gewaltiger Magnet für die Motivation. Wer diesen Glauben ausstrahlt, zieht alles an guten Werten an sich, was er für die Verwirklichung seines Lebensziels braucht. Seien Sie ein Magnet für Ihren täglichen persönlichen Erfolg. Erfüllen Sie Ihr Leben mit einer dynamischen Denkweise. Und sollten Sie zurzeit auch noch so weit von Ihrem erträumten Lebensziel entfernt sein, glauben Sie dem Beispiel meines Lebens: Der Erfolg kommt letzten Endes zu dem, der dafür kämpft und nie aufgibt.

231

Kennen Sie den Trick mit der Zitrone? – Schließen Sie die Augen und denken Sie ganz intensiv daran, wie Sie in eine Zitrone beißen. Sie werden in Sekundenschnelle spüren, wie Ihnen das Wasser im Mund zusammenläuft, obwohl nicht ein einziger Tropfen Zitronensaft Ihre Zunge berührt hat.

Das ist ein sehr überzeugender Beweis für die Wirksamkeit der Autosuggestion. In der gleichen Weise können Sie sich vorstellen, wie in Ihr Leben Erfolg und Reichtum einkehrt. Der Trick mit der Zitrone zeigt, dass unser Unterbewusstsein nicht zwischen Illusion und Wirklichkeit unterscheidet – wenn nur die Vorstellung stark genug ist.

In unserer Vorstellungskraft liegt eine nahezu märchenhafte Zauberkraft. Sie kann tatsächlich Wünsche in Wirklichkeit verwandeln.

232

Tatenloses Hoffen ist ein großer Energieabsauger! Energie, die Sie dagegen in ehrliche Pläne investieren, ist Energie, die zu Ihnen zurückfließt.

Deshalb ist es sehr viel besser, Pläne zu entwerfen, konkrete Bilder und erstrebenswerte Ziele und sein Hoffen auf konkrete Anstrengungen zu setzen. Entscheidend ist, dass Sie erkennen, dass Energie nur in den Dingen steckt, die Sie tatkräftig anpacken.

233

Erfolgreiche Menschen leben in der Regel viel intensiver als Menschen, die nicht erfolgreich sind. Sie scheinen geistige Regsamkeit gleichsam körperlich zu spüren. Sie fühlen ihre Kreativität. Sie spüren, dass sie mit allem, was zu ihrem Leben gehört, in positiver Bewegung sind. Sie fühlen sich in Einklang mit dieser Bewegung.

Dieser positive Energiefluss überträgt sich automatisch auch auf den materiellen Bereich. So entsteht durch Energieumwandlung aus einem Überfluss an Begeisterung, an Hingabe, an emotionaler Intensität und an geistiger Aktivität auch materieller Überfluss.

234

Befreien Sie sich von der Vorstellung des Mangels, der knappen Ressourcen und vor allem von der weit verbreiteten Vorstellung, dass Erfolg und Reichtum im Grunde unanständig sind. Machen Sie sich mit der Vorstellung vertraut, dass Erfolg die natürlichste Sache der Welt ist. Die Menschen, die Ihnen weismachen wollen, dass das Streben nach Erfolg und nach materiellem Reichtum ungehörig, ja sogar sündhaft ist, benutzen diese Verteufelung meistens als Ausrede für die eigene Erfolglosigkeit.

Zu dieser verqueren Einstellung gehört auch die falsche Gleichung, dass der Erfolg des einen immer auf dem Misserfolg des anderen beruht. Das ist nur eine philosophisch verbrämte Form des Neides, die Sie nicht akzeptieren dürfen. Die Erde bietet ein solches Übermaß an Energie, dass für jeden Menschen ein erfolgreiches Leben möglich ist!

235

Das Herunterreden und Verächtlichmachen von Erfolgen, die andere erzielt haben, ist offensichtlich eine unausrottbare Verhaltensweise der Menschen, die ihren Erfolg nicht durch eigene Anstrengung schaffen wollen. Deshalb mein guter Rat an Sie: Äußern Sie sich nie negativ oder abfällig über Erfolge, die andere erzielt haben, auch wenn Ihr eigenes Erfolgskonto im Augenblick noch zu wünschen übrig lässt.

Die Einstellung, die Sie gegenüber dem Erfolg anderer an den Tag legen, ist der sichtbare Beweis für Ihre eigene Einstellung zum Erfolg. In dem Maße, in dem Sie den Erfolg anderer akzeptieren, verändert sich auch Ihr eigenes Erfolgskonto.

236

Die lapidare Feststellung: „Geld allein macht nicht glücklich!“ ist sicher richtig. Leider nehmen viele Menschen diese Weisheit als Entschuldigung für mangelnden Einsatz! Sie trösten sich mit derartigen Ausreden über ihren Misserfolg hinweg. Sie übersehen dabei leider eines: „Kein Geld zu besitzen macht auch nicht glücklich!“

Geld an sich ist weder gut noch schlecht. Geld ist nur ein Zahlungsmittel, mit dem wir erfolgreiches Handeln in eine Lebensweise verwandeln können, die unseren Wünschen entspricht!

Geld zu erwirtschaften und es nach eigenem Gutdünken wieder auszugeben kann riesigen Spaß machen! Ja, Geld ist nichts anderes als eine Form von Energie, die uns aus unserem Erfolg zuströmt.

Genauso, wie man die Kraft eines Flusses in elektrische Energie verwandeln und damit ganz Städte zum Leuchten bringen kann, kann man die Kraft seiner Gedanken, seiner Fantasie, seiner Kreativität, seiner Arbeit und seines Mutes in den Energiestrom Geld verwandeln!

237

Wenn Sie Ihre Vorstellung von Erfolg, Reichtum und Überfluss nähren wollen, sollten Sie sich immer wieder entsprechende Anregungen holen – am besten von Menschen, die bereits erfolgreich sind. Begeben Sie sich in die Umgebung von Menschen, denen Erfolg, Reichtum und Überfluss selbstverständlich geworden sind.

Nehmen Sie Ihr bestes Kleid oder Ihren besten Anzug aus dem Schrank, machen Sie sich schön und setzen Sie sich in die Lounge des besten Hotels in Ihrer Nähe, auch wenn Ihre Finanzen derzeit vielleicht nur für eine Tasse Kaffee reichen. Das hat nichts mit Hochstapelei zu tun. Sie müssen ein Gefühl für Wohlstand entwickeln – und sich darin mit Selbstbewusstsein bewegen.

238

Glück, Liebe, Freundschaft und persönliche Freiheit werden nicht selten von einem Mangel an Geldbewusstsein in Mitleidenschaft gezogen. Dabei ist der Unterschied zwischen arm und reich oft nur ein Denkproblem. Denn grundsätzlich besteht kein Unterschied zwischen einem Menschen, der in kärglichen Verhältnissen lebt, und einem erfolgreichen Menschen, der sein Leben nach seinem Gutdünken einrichten kann. Beide können ganz ähnliche Ansichten vertreten. Beide können sich für dieselben Wissensgebiete interessieren.

Es ist nur dieser winzig kleine, aber für die Lebensumstände entscheidende Bereich des Geld- und Erfolgsbewusstseins, der den Unterschied ausmacht. Mancher, der gezwungen ist, in äußerster Bescheidenheit zu leben, könnte aufgrund seiner Anlagen, seiner Ideen und auch seiner Einsatzbereitschaft ein ausgesprochen wohlhabender Mensch sein, wenn er seine Fähigkeiten mit dem richtigen Erfolgsbewusstsein in Verbindung bringen würde.

239

Reichtum zieht Reichtum an. Wenn Sie sich derzeit auf der Minusseite dieses Energieflusses befinden, müssen Sie einfach Ihr Erfolgs- und Geldbewusstsein ändern. Sie werden dann sehr schnell erfahren, welche Vorteile diese neue Einstellung bringt: Sie werden damit einen immer stärkeren Sinn für Ihre eigene Identität entwickeln. Sie werden gelassener, froher und glücklicher werden!

Ich habe das an mir selbst erlebt, als ich von Wohlstand und Erfolg noch sehr weit entfernt war. Ich legte jegliche Verzagtheit ab und lebte in dem Bewusstsein, dass ich einmal erfolgreich sein werde.

Erfolg und Reichtum reagieren auf Ihre innere Einstellung. Verändern Sie Ihr Bewusstsein und sie beginnen zu strömen!

240

Wer nach Erfolg und Reichtum strebt, muss sich auch mit den Grundwerten des menschlichen Lebens auseinandersetzen. Papst Johannes Paul II. hat der Welt gezeigt, dass Ethik und Moral die zentralen Themen des 21. Jahrhunderts, ja der Menschheitsgeschichte insgesamt sind. Er hat eindringlich gezeigt, dass der Mensch mehr ist als die Summe seiner Leistungen.

Motivation braucht als Grundlage die unverrückbaren Werte des menschlichen Zusammenlebens – Glaube, Hoffnung und Liebe. Ohne diesen Glauben und ohne diese Werte sind wir wirklich arm dran. Wir alle sollten uns daher für die Suche nach festen Fundamenten, nach ewigen Werten und nach einer tragenden Mitte motivieren und engagieren.

Das Beispiel dieses einzigartigen Lebens kann uns allen Mut machen und uns anspornen, im Rahmen unserer Möglichkeiten für die Werte der Wahrheit und des Guten einzutreten, sie mit einem hohen Maß an Motivation weiterzutragen und vor allem, sie vorzuleben.

241

Die Frage, die wir im Grunde jeden Tag aufs Neue beantworten müssen, ist, wie wir unser Leben von seelischem und geistigem Leerlauf befreien können – in der Arbeit, in der Partnerschaft, in der Familie, ja in allen unseren Lebensbereichen. Täglich müssen wir aufs Neue einen Weg finden, wie wir unser Leben mit Freude, mit Sinn, mit Erfüllung, mit Kreativität anreichern.

Denn wir alle wissen, dass wir uns am glücklichsten fühlen, wenn wir das wunderbare Gefühl erleben, dass wir einer Herausforderung gewachsen sind, die an die Grenzen unserer Leistungsfähigkeit geht.

Haben Sie eine konkrete Vorstellung, wie Ihr Leben aussehen muss, damit Sie sich darin wirklich wohl fühlen? Diese Frage müssen Sie sich täglich neu stellen, denn Sie müssen sie auch täglich neu beantworten.

242

Viele Menschen kommen deshalb nicht auf die Energieseite des Lebens, weil sie es nicht schaffen, einmal vorübergehend mit weniger auszukommen. Sie ergreifen, ohne weiter darüber nachzudenken, jede sich bietende Gelegenheit, um sich Wünsche zu erfüllen – in der vagen Hoffnung, dass sie die Mittel dafür irgendwann schon bekommen werden. Das ist mit Sicherheit nicht die richtige Art, sein Leben zu genießen, denn nichts trennt uns im Leben mehr vom Energiestrom des Geldes als Verbindlichkeiten.

Wenn Sie die ernsthafte Absicht haben, in den Energiefluss von Erfolg und Reichtum zu kommen, müssen Sie alles vermeiden, was Sie irgendwie schon morgen in zukunftsverhindernder Weise belasten könnte.

243

Von Albert Einstein stammt die weise Erkenntnis: „Man kann Probleme niemals mit derselben Denkweise lösen, durch die sie entstanden sind!“

Wenn Sie in Zukunft ein gutes und erfülltes Leben führen wollen, fangen Sie am besten heute an, Ihre Probleme ehrlich zu analysieren und entschlossen anzupacken. Nur so wird es Ihnen gelingen, den Weg zu verlassen, der immer weiter nach unten führt.

Die wichtigste Voraussetzung dafür ist, dass Sie ein tiefes Verlangen entwickeln, Sorgen und Nöte wirklich loszuwerden. „Ich will, dass es mir auf Dauer gut geht!“ kann also durchaus bedeuten, dass Sie sich heute über Gebühr anstrengen müssen und auf Annehmlichkeiten oder auch scheinbar dringende Anschaffungen verzichten müssen.

244

Trennen Sie sich von den Symbolen des Mangels. Geben Sie Ihrem Leben Qualität. Es ist weitaus besser, sich mit wenigen hochwertigen Dingen zu umgeben, als einen Haufen Schrott anzusammeln. Ein Paar teure Schuhe oder eine wirklich schöne Seidenkrawatte gibt Ihrem Aussehen mehr Klasse, als wenn Sie sich im Großmarkt mit einem halben Dutzend der untersten Preiskategorie eindecken.

Auch wenn Sie zurzeit noch nicht wohlhabend sind, müssen Sie doch eine Atmosphäre schaffen, die Ihnen das Gefühl gibt: „Ich bin auf dem besten Weg dazu, wohlhabend zu werden!“

245

Der Mensch steht deshalb an der Spitze der Schöpfung, weil es zu allen Zeiten der Menschheitsgeschichte herausragende Persönlichkeiten gegeben hat, die ihre Kreativität auf die Verbesserung der Lebensumstände aller Menschen gerichtet haben. Sie haben dadurch ihr eigenes Leben bereichert und das aller übrigen Menschen ebenfalls.

Finden Sie sich niemals mit dem Mangel ab, sondern richten Sie Ihre ganze schöpferische Fantasie auf die Verbesserung Ihrer Lebensumstände. Lassen Sie sich von der Tatsache der unermesslichen Energie des menschlichen Geistes überzeugen und überzeugen Sie sich selbst von der unermesslichen Vielfalt Ihrer Möglichkeiten.

Schauen Sie mit Freude auf das Geschenk Ihres Lebens und auf die Wunder des menschlichen Erfindungsgeistes!

246

„Das Wichtigste im Leben ist das Wissen, was echt und was falsch ist. Und das Wissen, was gut und was böse ist!“ An diesem Satz von Erich Kästner sollten Sie immer wieder Ihre Visionen, Träume und Wünsche messen.

Wenn Sie alles, was Sie tun, an dem Grundsatz ausrichten, dass es der Ehrlichkeit und Wahrhaftigkeit entspricht, dann schaffen Sie in Ihrem Leben die wichtigste Voraussetzung für den Erfolg und für das wunderbare Lebensgefühl der inneren Übereinstimmung zwischen Denken, Fühlen und Handeln!

247

Es gibt keine Altersgrenze für die Erfüllung eines Lebenstraums. Es kommt nur darauf an, sich eine große Portion Neugier, Staunen und Begeisterung zu erhalten!

Mir steht dabei eine der beeindruckendsten Persönlichkeiten vor Augen, der ich je in meinem Leben begegnet bin. Es ist Otto von Habsburg, der beim 60. Geburtstag eines meiner Freunde eine Rede hielt und mit Blick auf sein eigenes Alter von 90 Jahren sagte: „Freuen Sie sich auf die kommenden 30 Jahre. Bei mir waren das die schönsten meines ganzen Lebens!“

Wahrer Reichtum beginnt mit der Freiheit des Geistes und der Unabhängigkeit des Denkens. Sie gehört zum Grundrauschen der Motivation und beruht auf dem unverrückbaren Vertrauen in die Werte Mut, Selbstdisziplin und Ehrlichkeit.

248

Das Geheimnis des Erfolgs liegt in dem Wissen, wie man dauerhaft Schmerz vermeidet und Freude erzeugt!

Um das zu bekommen, was Sie sich für Ihr Leben wirklich sehnlichst wünschen, müssen Sie sehr häufig erst das überwinden, was Sie von diesem erhofften und erträumten Leben abhält. Und zwar in ganz ehrlicher und aufrichtiger Weise!

Richten Sie Ihr ganzes Streben wirklich darauf, ein gutes und erfolgreiches Leben zu führen, oder sind Sie überwiegend damit beschäftigt, ein schlechtes und schmerzhaftes Leben zu vermeiden?

Das eine bedeutet Handeln, das andere bedeutet in der Regel tatenlosen Verzicht. Überlegen Sie einmal ganz ehrlich, was es Sie kostet, wenn Sie das Entscheiden und Handeln immer vor sich herschieben!

249

Viele Menschen stehen ziemlich ratlos vor der Frage: „Wie kann ich Erfolge erzielen?“ Die Antwort darauf lautet sehr häufig ganz einfach: „Wie kann ich mich aus der Masse herausheben?“

Wenn alle Menschen als erste Fremdsprache Englisch können, bringt es Sie vielleicht weiter, wenn Sie zusätzlich noch Italienisch, Französisch oder gar Japanisch anbieten können. In einer Zeit, in der immer mehr Handwerksberufe aufgegeben werden, kann Ihre Chance darin liegen, an Ihrem Beruf festzuhalten und darin Spitzenqualität zu liefern.

Wir sind im Zuge der Globalisierung von einer fortschreitenden Gleichförmigkeit umgeben. Deshalb liegt eine große Chance in der Erkenntnis: Wer Erfolg haben will, muss gegen den Strom schwimmen!

250

Arbeiten Sie täglich daran, ein Original zu werden – Ihr eigenes Original. Der beste Weg dorthin ist immer noch, seine ureigensten Fähigkeiten auszubauen, sein Wissen auf Spezialgebieten zu vertiefen und immer die bestmögliche Qualität abzuliefern.

Setzen Sie sich zum Ziel: „Ich will auf meinem Gebiet Weltspitze werden!" Allein mit dieser erklärten Absicht stehen Sie über dem Trend, immer nur das Notwendigste zu tun. Orientieren Sie sich nicht an dem Ziel, nur so viel zu tun, dass Sie ja nicht auffallen. Nein, setzen Sie sich zum Ziel, durch außergewöhnliche Leistung aus der Masse herauszuragen!

Erfolg entsteht immer dann, wenn man das Beste will und dafür sein Bestes gibt!

251

Die Größe unseres Erfolgs wird ausschließlich in unserem Denken definiert!

Verbannen Sie daher jeden Gedanken an Armut aus Ihrer Vorstellung. Trainieren Sie Ihren Mut und Ihre Entschlusskraft. Versetzen Sie sich täglich in den Gefühlszustand des Erfolgs, den Sie sich so sehnlich wünschen.

Wenn Sie nicht zu den Menschen gehören, die sich ihr Arbeitsgebiet völlig neu schaffen, müssen Sie der Frage nachgehen: „Wer sind die Besten auf meinem Gebiet?“ Sobald Sie darauf eine Antwort gefunden haben, darf es für Sie nur noch ein Ziel geben: „Ich will in den Club der Besten! Ja, ich will im Club der Besten der Beste werden!“

Und denken Sie daran, auch im Sport bekommt nur derjenige die ganze Aufmerksamkeit, der ganz oben auf dem Treppchen steht!

252

Haben Sie die richtige Einstellung für Ihre Reise zum großen Erfolg Ihres Lebens? Oder ist Ihr Denken eher auf eine vergnügliche Spazierfahrt ausgerichtet? Ihr Lebensziel müssen Sie wie auf einer Weltumsegelung ansteuern. Für eine derartige Unternehmung würden Sie ganz nüchtern und vorausschauend planen: „Was muss ich unbedingt an Bord nehmen, damit ich Jahre einer ungewissen Reise überstehe? Oder was ist Ballast, von dem ich mich befreien muss?"

Nur wenn Sie diese Planung sorgfältig durchführen, wird Ihnen günstiger Rückenwind nützen und werden Menschen mit an Bord kommen, die Ihre Reise zum Erfolg unterstützen.

253

Positives Denken befreit uns von drückenden Sorgen, von der Erinnerung an Niederlagen, von Lebensangst, Ärger, Zorn, Hass, Neid und Eifersucht. Aber positives Denken allein genügt nicht. Wir können uns aus dieser Ansammlung negativer Kräfte nur befreien, wenn wir die volle Verantwortung für unsere Lebensreise übernehmen. Natürlich sind Sie nicht verantwortlich für Stürme, die aufkommen, oder für Flauten, die Sie Wochen und Monate festhalten können. Aber Sie sind dafür verantwortlich, für diese vorhersehbaren Naturereignisse bestmöglich gerüstet zu sein.

254

Es gibt unzählige Möglichkeiten der Wahrnehmung und der Erfahrung in Ihrem Leben. Sie können mit einer Vielzahl von Emotionen darauf reagieren. Aber über eines sollten Sie sich im Klaren sein: Sie sind auch für die Emotionen verantwortlich, die Sie zulassen. Die Wahrheit ist in der Sprache ganz richtig ausgedrückt: „Ich ärgere mich. Ich freue mich!"

Wer ist also letztlich verantwortlich für Ihre Lebensfreude und für Ihren Lebensärger? – Richtig! Sie selbst! – Alles, was Sie tun müssen, ist: Schalten Sie auf den richtigen Gefühlskanal! Sehen Sie das Positive in allem, was Ihnen begegnet. Als Erfolgssuchender müssen Sie Probleme als das nehmen, was sie sind:

Wegweiser auf dem Weg zum Erfolg!

255

Sind Sie skeptisch gegenüber so ungreifbaren Dingen wie Intuition oder Bauchgefühle? – Ich bin gewiss ein rational denkender Mensch, aber Sie dürfen mir glauben: Viele Weichenstellungen in meinem Leben geschahen im Vertrauen auf die Intuition. Und das Opfer einer Reihe von tiefen Enttäuschungen konnte ich nur werden, weil ich die Warnsignale meiner Intuition mit rationalen Argumenten übertönt hatte.

Verlassen Sie sich bei anstehenden Entscheidungen nicht nur auf Ihr rationales Denken. Hören Sie in sich hinein. Nehmen Sie Ihre Bauchgefühle wahr. Schalten Sie bei schwierigen Entscheidungen oder bei Begegnungen, die in Ihnen einen Zwiespalt hervorrufen, ganz bewusst auf dieses Zentrum der intuitiven Wahrnehmung.

Ihr rationales Denken kann durch scheinbar rationale Argumente zu falschen Entscheidungen überredet werden. Ihre Bauchgefühle dagegen nie! Bauchgefühle sind ein wahrer Lügendetektor. Sie führen Sie an der Hand Ihrer unbewussten Wahrnehmungen und zeigen Ihnen den Weg zu einem ehrlichen Erfolg.

256

Der französische Schriftsteller Antoine de Saint-Exupéry hat ein wunderbares Gleichnis für Erfolg geprägt. Er sagte: „Wie kann man den Menschen beibringen, Schiffe zu bauen?“ – „Man muss in ihnen die Sehnsucht nach dem Meer wecken!“

Glauben Sie mir, mit dem Lebensziel und mit dem Erfolg ist es nicht anders. Wecken Sie in sich die Sehnsucht nach Erfolg. Vielleicht haben Sie in den vergangenen Jahren Ihren Erfolg ganz woanders gesucht als in sich selbst. Vielleicht dachten Sie, er müsste Ihnen einfach in den Schoß fallen. Da wurden Sie natürlich enttäuscht. Aber nun wissen Sie: Ihr Erfolg entsteht in Ihrem Denken, in Ihrem Mut und in Ihrer Zuversicht! Und natürlich in Ihrem Handeln.

257

Überlegen Sie mal: Was sind die kleinen Hürden oder auch die großen Hemmschwellen, die Ihren Erfolg blockieren? – Sie werden bei einer ehrlichen Suche immer wieder auf dieselbe Antwort stoßen: Niemand anderer kann auf Dauer Ihren Erfolg verhindern als Sie selbst. Sie müssen Ihren Erfolg selbst mit brennendem Verlangen wollen.

Erinnern Sie sich an Ihre erste große Liebe? Was haben Sie nicht alles bewegt, um in die Nähe dieses geliebten Menschen zu kommen, ihn mit einem Geschenk zu überraschen und ihm damit Freude zu bereiten. Sie haben aber nicht nur Ihr ganzes Denken auf diesen Menschen ausgerichtet. Immer und überall hatten Sie diesen Menschen vor Augen!

Suchen Sie Ihren Erfolg mit derselben Glut Ihres Herzens! Sobald Sie vor Verlangen nach Ihrem Lebensziel brennen, werden Sie es auch erreichen!

258

Woher kommt es, dass Weltrekorde immer bei großen und wichtigen Sportveranstaltungen aufgestellt werden? Ganz einfach! Je größer der Wettkampf, desto größer ist das Verlangen zu siegen und desto größer ist die innere Bereitschaft, bis an die Grenze der eigenen Leistungsbereitschaft zu gehen.

Sobald Sie sich voll und ganz in den Wettkampf mit Ihrem Lebensziel stürzen, werden Sie spüren, wie Ihre Kräfte wachsen. Und in dem Augenblick, in dem Sie wirklich von Ihrem Ziel überzeugt sind, werden Sie ungeahnte Kräfte freisetzen und das Wunder des Erfolgs auf sich zukommen sehen.

259

Eine der großartigsten Botschaften, die die Menschheit in den vergangenen Jahren erhalten hat, ist die von Papst Johannes Paul II. wenige Tage vor dem Ende seines irdischen Daseins. Sie lautet ganz einfach: „Ich bin froh. Seid ihr es auch!"

Das schreibt nicht ein Mensch im Vollbesitz seiner Kräfte, der vielleicht gerade einen großartigen Erfolg erzielt hat. Diesen Satz schreibt ein alter, gebrechlicher Mann, der keine Stimme mehr hat und der schon so geschwächt ist, dass er kaum noch die Hand heben kann, um den Menschen Trost zu spenden, die sein Leiden tief berührt und die ihm gleichzeitig zujubeln.

Um anderen Menschen eine solche Botschaft zu schenken, muss man in seinem Innersten froh sein. Dazu bedarf es einer unglaublichen Zuversicht und einer großartigen Stärke, die über die eigenen Sorgen und Gebrechen hinwegsieht.

260

Wer sich des großen Geheimnisses der Motivation bewusst ist, weiß, dass Leben Emotion bedeutet, Freude schenken, Begeisterung empfinden und weitergeben, die Seele reinigen, loben, aufeinander zugehen, mitfühlen, danken, um Verzeihung bitten, einander umarmen und seinen Mitbewohnern auf diesem einzigartigen Planeten größtmögliche Achtung entgegenbringen.

Wer froh ist und diese Freude mit anderen teilen will, kann nicht gleichzeitig verzagt, missmutig, pessimistisch, rechthaberisch oder gar fanatisch und bösartig sein. Er wünscht diese freudige Grundstimmung, die unser Zusammenleben so unendlich bereichert, für alle Menschen.

261

Von Menschen, die dem Erfolg gegenüber große Vorbehalte haben, werde ich immer wieder mit einem misstrauischen Unterton gefragt: „Was bedeutet für Sie eigentlich Erfolg?" – Diese Frage kann ich sehr kurz und eindeutig beantworten. Erfolg bedeutet für mich das intensive Gefühl, jeden Tag meines Lebens als ein Geschenk zu empfinden, mich voller Tatendrang an selbst gestellte Aufgaben zu begeben und die erträumte Wirklichkeit langsam wachsen zu sehen.

Das bedeutet gleichzeitig, dass ich mich nur höchst ungern von meinem Tagesziel ablenken lasse und dass ich dann, wenn es geschafft ist, die Freizeit und Muße umso intensiver genießen kann.

262

Wie viele Menschen hierzulande trotten lustlos, missmutig, mürrisch, abweisend und unmotiviert vor sich hin und haben weder für sich, geschweige denn für andere ein freundliches und aufmunterndes Wort? Wie selten sieht man ein heiteres, fröhliches oder gar lachendes Gesicht! Dabei leben die meisten Menschen hier in einem Wohlstand, von dem ein großer Teil der Menschheit nur träumen kann.

Diese Einstellung schafft ein Klima des Negativen und der Erfolglosigkeit, die jeden betrifft. Überlegen Sie sich daher, wie Sie heute die Mienen wenigstens einiger Ihrer Mitmenschen aufhellen und so zur Verbesserung des allgemeinen Klimas beitragen können.

Das Ergebnis kommt auf Sie ganz positiv zurück!

263

Erfolg ist lernbar. Einer der wichtigsten Lernschritte in Richtung Erfolg ist die richtige Nutzung der Zeit. Wenn Sie ausreichend schlafen, stehen Ihnen täglich immer noch 16 Stunden Wachsein zur Verfügung. Nutzen Sie davon 12 Stunden für Ihren Erfolg!

Beurteilen Sie einen Tag lang alles, was Sie tun, danach, ob es Sie Ihrem Lebensziel näher bringt. Sie werden plötzlich feststellen, dass sich die Spanne der sinnvoll genutzten Zeit gewaltig steigern lässt. Hüten Sie sich vor Menschen, die Ihnen durch umständliche Erzählungen Zeit stehlen. Hüten Sie sich vor Besprechungen, die so angesetzt sind, dass sie in jedem Fall bis zum Mittagessen oder bis zum Arbeitsende dauern. Vermeiden Sie Zeitfresser!!

264

Der richtige Umgang mit der Zeit schenkt Ihnen ein großes Stück innerer Harmonie! Das klingt viel einfacher, als es ist. Denn der richtige Umgang mit der Zeit hat seinen Ursprung in Ihrem Denken, in Ihrer Persönlichkeit, in Ihrem Selbstbewusstsein, in der Stimmigkeit von Geist, Körper und Seele.

Sobald Sie angefangen haben, sparsam mit Ihrer Zeit umzugehen, werden Sie sehr schnell feststellen, dass die richtige Verwendung der Zeit sehr viel Mut erfordert – Mut zum Neinsagen zum Beispiel! Auch Mut zu klaren Aussprachen. Mut zu klaren Entscheidungen. Und so wird klar: Erfolg dreht sich auf allen Ebenen immer wieder um dieselben Grundtugenden!

265

„Nütze die Zeit!“ heißt nicht, mit hängender Zunge von einem Termin zum anderen zu hetzen. „Nütze die Zeit!“ heißt in seiner höchsten Vollendung, selbstvergessen wie ein Kind an der Verwirklichung eines Traumes zu arbeiten – ohne das Ticken der Uhr im Nacken zu spüren, ohne überhaupt nur einen einzigen Gedanken an etwas anderes zu verschwenden, ehe die selbst gestellte Aufgabe zu Ende geführt ist.

Wir Menschen nützen unsere Lebenszeit dann am besten, wenn wir das Gefühl haben, dass das, was wir im Augenblick tun, das Schönste, Wichtigste und Beste ist, was wir uns für diesen Augenblick vorstellen können!

266

Verglichen mit den Menschen, die vor hundert Jahren lebten, haben wir unglaubliche Möglichkeiten der Zerstreuung, des Zeitvertreibs und des Vergnügens. Während sich früher nur Könige den Luxus eigener Musiker leisten konnten, genügt uns heute ein Knopfdruck, um ein ganzes Sinfonieorchester für uns spielen zu lassen. Wer einen Reiseprospekt durchblättert, findet preisgünstige Sonderangebote für Urlaubsregionen, deren Existenz die Menschen früher nicht einmal dem Namen nach kannten. Wem langweilig ist, der kann sich via Satellit Unterhaltungssendungen von nahezu allen Ländern der Erde auf seinen Fernsehapparat holen.

Warum hat all das die Menschen nicht glücklicher und zufriedener gemacht?

267

Viele Menschen erleben Glücksmomente nur in ihren Hobbys. – Warum eigentlich? – In der Arbeit, im Beruf sind ganz ähnliche Glücksmomente und Erfahrungen möglich. Und sie betreffen unsere Existenz in viel tieferer Weise.

Es gibt für jeden Menschen unzählige Gelegenheiten, Herausforderungen anzunehmen, mit deren Bewältigung er weit über sich und seine ermüdende Alltagsroutine hinausgehen kann. Er muss in sich nur die Begeisterung für seine Lebensaufgabe wecken. Damit sind wir wieder bei der Frage angelangt: „Wie viele Wege führen zur Motivation, zur Begeisterung für eine Lebensaufgabe und zur Lebensfreude!“ Genausoviele Wege, wie es Menschen gibt!

Denken Sie sich deshalb mit Fantasie, Kreativität und Begeisterung in ein neues Leben hinein! Wenn Sie diese Begeisterung noch mit der Disziplin verbinden, Ihre Vorstellungen auch tatsächlich umzusetzen, können Sie am Erfolg gar nicht vorbeigehen.

268

Jeder Mensch trägt in sich eine Vorstellung von höchstem Glück und höchster Erfüllung, aber viele Menschen haben vor lauter Alltagssorgen ganz vergessen, darüber nachzudenken. Dabei ist es das höchste Ziel unseres Daseins, diesen Zustand des Glücks und der Zufriedenheit zu erreichen. Aber wie könnte man ein Ziel erreichen, über das man gar nicht mehr nachdenkt?

Führen Sie sich heute ganz deutlich vor Augen, wie Ihr Zustand des Glücks aussehen könnte. Wann fühlen Sie sich rundherum glücklich und zufrieden? Was müsste sich in Ihrem Leben ändern – oder besser – wie müssten Sie Ihr Leben ändern, um diesen Zustand zu erreichen? – Entwerfen Sie ein glückliches Bild von sich.

269

Was ist das Geheimnis der Motivation? – Da sich diese Frage nicht generell beantworten lässt, möchte ich Ihnen zunächst ein paar Gegenfragen stellen: „Was ist ein Leben wert ohne Motivation? Was ist ein Leben wert ohne Hoffnung? Was ist ein Leben wert ohne Liebe? Was ist ein Leben wert ohne Glauben? Was ist ein Leben wert ohne Ziele? Was ist ein Leben wert ohne Werte?"

Ich weiß, Sie haben auf alle diese Fragen Ihre ganz individuellen Antworten. Dennoch ist es wichtig, sie sich von Zeit zu Zeit zu stellen und bei den Antworten ganz tief in sich hineinzuhören.

270

Glück ist nichts, was wir Menschen mit Geld kaufen oder mit Macht erzwingen können. Glück entsteht auch nicht durch die bloße Anhäufung materieller Güter oder durch den Genuss von immer größerem Luxus. Glück ist etwas, das wie absichtslos auf uns zukommt. Das ist der große Unterschied zwischen Glück und Erfolg. Erfolg kann man planen. Man kann dafür arbeiten.

Mit Erfolg kann man einen Zustand erreichen, in dem man frei und unabhängig ist von finanziellen Sorgen, in dem man tun und lassen kann, was einem Freude macht. Ob daraus Glück entsteht, hängt sehr stark von unserer Fähigkeit ab, Glücksmomente zu erkennen, wenn sie auf uns zukommen.

271

Wann haben Sie das letzte Mal dieses wunderbare Gefühl der Zufriedenheit erlebt: „Mir geht es gut! Ich bin rundherum glücklich und zufrieden!" – Dieses Gefühl können Sie ganz bewusst in sich erzeugen – selbst in ganz schwierigen, ja scheinbar aussichtslosen Situationen! – Und wie?

Wahrscheinlich sind alle Ihre Anstrengungen auf Ihr Problem gerichtet. Das ist es, worum alle Ihre Gedanken kreisen. Lösen Sie sich davon, indem Sie heute einmal einem anderen Menschen etwas Gutes tun, ohne dass irgendjemand etwas davon erfährt. Erwarten Sie auch keinen Dank dafür. Betrachten Sie diese gute Tat als Ihren Dank für die vielen guten Dingen, die Ihnen in Ihrem Leben schon widerfahren sind.

Der Lohn dafür wird nicht ausbleiben. Es ist das wunderbare Gefühl: „Mir geht es gut und ich fühle mich sehr glücklich!"

272

Haben Sie schon einmal darüber nachgedacht, was es bedeutet, inneren Reichtum anzusammeln? Das ist gar nicht so einfach zu beantworten, denn dazu muss man sich erst einmal klarmachen, was für einen selbst innerer Reichtum darstellt.

Um darauf eine Antwort zu finden, muss man sich vor allem von dem Satz verabschieden: „Was nichts kostet, ist auch nichts wert!" Denn es zeigt sich sehr schnell, dass die Dinge, die uns wirklich etwas bedeuten, nicht für Geld zu haben sind – ein freundliches Wort, eine liebevolle Geste, ein Geschenk, das vor allem darin besteht, dass uns Sympathie entgegengebracht wurde oder dass wir jemandem mit Sympathie und Zuneigung begegnen.

Wer sich und andere jeden Tag mit Dingen beschenkt, die nichts kosten als ein klein wenig Sympathie und Anerkennung, kann einen großen inneren Reichtum anhäufen!

273

Wissen Sie, wie man erfolgreich Netzwerke schafft? – Engagieren Sie sich für den Erfolg der anderen. Beschränken Sie Ihr Engagement für das Gute nicht auf einige wenige Gelegenheiten. Es sollte im Laufe der Zeit zu einer Ihrer wichtigsten Grundhaltungen werden, Ausschau zu halten, wo Sie anderen Menschen helfen können.

Erfolgreiche Menschen sind deshalb erfolgreich, weil sie sich nicht nur für ihren eigenen Erfolg einsetzen, sondern auch für den der anderen. Die Voraussetzung dafür ist, dass sie sich ganz ehrlich für den anderen und seine Belange interessieren.

Ist das nicht eine wunderbar einfache Formel für Erfolg?

274

Es gibt in unserem Leben nichts, was wichtiger wäre, als die Beziehung zu unseren Mitmenschen. Reich an Lebensfreude werden wir vor allem dadurch, dass wir anderen Menschen Freude schenken. Doch gerade den Menschen, die uns am nächsten stehen, begegnen wir im Alltag häufig gleichgültig, ja sogar mit einer Gereiztheit, die uns anderen Menschen gegenüber ganz fremd ist.

Spielen Sie heute einmal ein wenig mit Ihrer Fantasie und überlegen Sie, wie Sie dem Menschen, der in Ihrem Leben den wichtigsten Platz einnimmt, eine Freude bereiten können – ohne dass Sie dafür sofort einen großen Dank erwarten. Versuchen Sie, einen seiner geheimen Wünsche zu erahnen und zu erfüllen. Die Freude, die auf Sie zurückkommt, wird Ihren Tag in ein wunderbares Licht tauchen.

275

Jeder von uns ist mit all den Ressourcen, mit all den Kräften, mit all der Intelligenz, der Fantasie und Kreativität ausgestattet, die er benötigt, um ein glückliches Leben zu führen. Das ist der Grund, warum das Glück eines jeden Lebens aus ganz unterschiedlichen Dingen besteht.

Ein ganz schlechter Ratgeber für das eigene Lebensglück ist deshalb der Blick auf das Glück und den Erfolg anderer Menschen. Hören Sie in sich hinein, wenn Sie erfahren wollen, woraus für Sie die größten Glücksmomente bestehen.

Wenn wir das Glück nicht in uns selbst suchen – wo sonst sollten wir es finden?

276

Denken Sie bei allem Erfolgsstreben immer wieder daran, die Basis Ihrer Persönlichkeit zu erweitern und zu vertiefen. – Was dazu gehört? – Ein gutes Buch lesen, ein Gespräch mit Freunden führen, gemeinsam Musik hören, eine Wanderung am Meer oder in den Bergen unternehmen, einen Sonnenaufgang betrachten, einem Menschen, der uns zufällig begegnet, ein Lächeln schenken, eine Verletzung, die uns zugefügt wurde, verzeihen, andere Menschen für ein gutes Ziel begeistern – die Möglichkeiten, sich selbst und anderen etwas Gutes zu tun, sind unbegrenzt – sobald wir ernsthaft danach Ausschau halten.

Auch wenn es zum Teil unserer Erziehung widerspricht, sollten wir uns täglich darauf konzentrieren, unser Leben ganz bewusst zu bereichern, Freude zu empfangen und zurückzugeben, die schönen Seiten des Lebens ganz bewusst zu genießen.

277

Ein wunderbarer Lebenstag liegt vor Ihnen. Verbinden Sie in Ihren Gedanken Erfolgsgefühle, die Sie früher erlebt haben, mit den Aufgaben, die Sie heute bewältigen wollen. Kämpfen Sie ohne Verbissenheit um jeden noch so kleinen Erfolg – in dem Bewusstsein, dass Sie jede Art von Schwierigkeit überwinden können. Erzielen Sie jeden Tag so viele kleine Erfolgserlebnisse wie nur irgend möglich.

So wächst in Ihrer Erwartung das Gefühl von Erfolg und Freude am Leben. Sie werden bald ganz erstaunt feststellen können, wie groß das Habenkonto Ihres Lebensglücks geworden ist.

278

Die meisten Menschen überschätzen, was sie in einem Monat leisten können, und sie unterschätzen, was sie in einem Jahr zu leisten imstande sind! Aber erfolgreiche Menschen wissen, dass große Erfolge in der Regel aus vielen, vielen kleinen Schritten entstehen.

Setzen Sie sich daher jeden Morgen ein Zwischenziel und stellen Sie sich jeden Abend die Frage: „Bin ich heute ein kleines Stückchen weitergekommen auf meinem Weg zu dem erfolgreichen Menschen, der ich sein kann?"

Legen Sie jegliche Zweifel ab, dass Sie nicht zu diesen Erfolgreichen zählen könnten. Sie können doch gar nicht wissen, wie viele Schritte Sie noch von Ihrem Lebenserfolg entfernt sind, bevor Sie nicht Ihr großes Ziel erreicht haben. Nur auf diesem Weg der kleinen Schritte kommen Sie dem Geheimnis der Motivation und des Erfolgs auf die Spur.

279

Wissen Sie, worum es bei der Verwirklichung Ihres Lebensziels im Grunde geht? Einzig und allein um den magischen Augenblick des Sich-selbst-Übertreffens, um das Überschreiten der Grenzen, das man selbst nicht für möglich gehalten hat, und letztlich um den Punkt, an dem Sie spüren, dass Körper, Geist, Seele, Gefühl und Unterbewusstsein eine Einheit bilden.

Das ist der Punkt, an dem Sie über Ihr waches Bewusstsein hinaussteigen. An diesem Punkt empfinden Sie, dass Sie eins geworden sind mit Ihrem Lebensziel, das Ihnen zunächst wie ein Gegner gegenüberstand, mit dem Sie lange Jahre gerungen haben und das so häufig unerreichbar schien.

Erfolg ist der wunderbare Zustand der völligen Konzentration, die von innen kommt und den man sich nicht von außen aufzwingen muss.

280

Den Zustand des völligen Einsseins mit Ihrem Lebensziel erreichen Sie nicht kampflos. Denn eines gehört sicher auch zu Ihrer Lebenserfahrung – kein Ziel ist ohne Kampf mit sich selbst, ohne Mühe, ohne Anstrengung oder ohne Selbstdisziplin zu erreichen.

Das ist wie bei einer Bergtour. Sie haben sich vorgenommen, den Gipfel zu erreichen. Die Beine werden schwer, die Muskeln schmerzen, Sie kommen außer Atem – aber Sie bekämpfen die Versuchung aufzuhören und umzukehren. Denn Sie wissen – dieser Kampf schenkt Ihnen am Ende den Blick über ein Meer von Gipfeln. Doch das Wichtigste an diesem Sieg ist das Bewusstsein: Ich habe mich selbst überwunden und bin dadurch über mich selbst hinausgewachsen.

281

Erinnern Sie sich an einen der erfolgreichsten Augenblicke in Ihrem Leben. Was war das für ein wunderbares Gefühl der Einheit von Geist, Körper und Seele! Sie schienen auf diesem Erfolgsgefühl zu schweben. Alles war leicht. Und wenn es Anstrengung war, dann war sie von einem herrlichen Gefühl der Freude und inneren Befriedigung begleitet.

Wann immer Sie auf Ihrem Weg zum Ziel in einen dunklen Tunnel der Mutlosigkeit geraten, versuchen Sie so intensiv und so genau wie möglich einen dieser großartigen Erfolgsmomente vor Ihrem geistigen Auge lebendig werden zu lassen. Spüren Sie, wie diese Erinnerung ein ganz neues, positives Lebensgefühl in Ihnen auslöst!

Auch wenn ich mir damit selbst zu widersprechen scheine: Der einzige Mensch, der Sie dauerhaft ein ganzes Leben lang motivieren kann, sind Sie selbst!

282

Leider gibt es viele Menschen, die ihr ganzes Leben lang nie auch nur in die Nähe eines sichtbaren oder zählbaren Erfolgs kommen. Nicht etwa, weil sie keine Fähigkeiten besitzen oder weil ihnen das Schicksal keinerlei Chancen bietet. Nein, sondern weil sie nicht dieses unabdingbare Bewusstsein entwickelt haben: „Ich will Erfolg haben, und ich werde Erfolg haben!“

Wie viel Vermögen Ihnen dieses Erfolgsbewusstsein letzten Endes bringt, ist völlig egal. Es geht einzig und allein um die Bestätigung, dass Sie Ihr Potenzial zum Einsatz bringen, dass Sie auf der Treppe nach oben steigen und dass aus Ihrem Bewusstsein die Rückmeldung kommt: „Ja, ich bin ein erfolgreicher Mensch!“

283

Warum ist es für Sie so wichtig, ein erfolgsbewusster Mensch zu werden und entschlossen um das Erreichen Ihrer Ziele zu kämpfen, während andere Menschen sich schon längst mit dem Satz verabschiedet haben: „Was soll's? Das Schicksal meint es eben nicht gut mit mir!"

Ich kann aus meiner eigenen Erfahrung heraus nur sagen, dass an der Einstellung, niemals aufzugeben, alles liegt, was das Leben eines erfolgreichen Menschen ausmacht. Es geht nicht so sehr um Verlust oder Gewinn in einer Bilanz. Es geht um die Bilanz unseres Bewusstseins. Es geht um die Frage: „Bin ich in der Lage, mein Schicksal selbst zu gestalten, oder muss ich einfach hinnehmen, was andere mir zugestehen?"

284

Gibt es Aufgaben oder Probleme, vor denen Sie bisher so lange davongelaufen sind, bis Sie mit dem Rücken zur Wand standen? Aufgaben und Probleme, an denen Sie bisher immer gescheitert sind? Aufgaben, bei denen Sie sich überhaupt nicht mehr vorstellen können, dass sie von Ihnen jemals erfolgreich bewältigt werden können?

Nehmen Sie sich für heute eine dieser scheinbar unlösbaren Aufgaben vor. Stecken Sie den ganzen Umfang dieser Aufgabe ab. Ehe Sie mit der Lösung beginnen, erinnern Sie sich in allen Einzelheiten an einen Ihrer größten Erfolge. Versuchen Sie, dieses wunderbare Gefühl der Freude körperlich zu spüren, und dann verknüpfen Sie dieses Gefühl gleichsam mit der gestellten Aufgabe und sagen Sie: „Das habe ich schon einmal geschafft. Das werde ich wieder schaffen!“

285

Selbstständig leben, selbstständig denken und selbstständig handeln sind unabdingbare Voraussetzungen für ein erfolgreiches Leben. Dazu gehört als Erstes, dass Sie Ihr bisheriges Leben so akzeptieren, wie es tatsächlich verlaufen ist.

Viele Erfolgskarrieren, deren Entwicklung ich über Jahre hinweg beobachten konnte, erfuhren gerade deshalb einen nicht wieder gut zu machenden Knick, weil die Menschen versuchten, Niederlagen zu vertuschen, anstatt sie sauber zu analysieren; weil sie das Verbiegen von Tatsachen und das Vortäuschen von Erfolgen an die Stelle von Ehrlichkeit und Offenheit gesetzt hatten.

286

Das klare Erkennen von Niederlagen verwandelt sich in eine unwiderstehliche Kraft, sobald man den festen Entschluss fasst, sie zu überwinden.

Ich bin davon überzeugt, dass man ehrlichen Erfolg nur dann verwirklichen kann, wenn man in seinen Niederlagen ehrlich zu sich selbst und zu anderen ist. Niederlagen, die Sie vor sich und anderen nicht wahrhaben wollen, bleiben an Ihnen kleben wie Pech und Federn. Nur Niederlagen, zu denen Sie offen und ehrlich stehen, können Sie in Wegweiser zum Positiven verwandeln.

Sagen Sie deshalb gerade in Niederlagen: „Ich will Erfolg haben und ich werde Erfolg haben, weil ich das ganze Potenzial meiner Persönlichkeit dafür einsetzen werde!“

287

Das Eingeständnis von Niederlagen schließt auch das Bewusstsein ein, dass man nie alles unter Kontrolle haben kann und dass man für das Erringen großer Erfolge auch Risiken eingehen muss.

Der große Rennfahrer Manuel Fangio wurde von einem Reporter gefragt, worauf er die Serien seiner Erfolge zurückführt. Der Reporter meinte: „Hängen Ihre Erfolge damit zusammen, dass Sie alles besser unter Kontrolle haben als Ihre Kollegen?" Darauf Fangio: „Nein! Wenn man alles unter Kontrolle hat, ist man nicht schnell genug!"

Ein klasse Ausspruch! Der schließt ein, dass Fehlermachen eine notwendige Begleiterscheinung des Handelns ist. Menschen, die alles kontrollieren wollen, haben in der Regel zu wenig Spontaneität, zu wenig Kreativität und zu wenig Risikobereitschaft, um wirklich erfolgreich werden zu können.

288

Trotz allen Erfolgsbewusstseins erfolgreicher Menschen ist es unausweichlich, dass gerade sie gelegentlich scheitern. Davon dürfen Sie Ihr Erfolgsbewusstsein niemals anhaltend beeinträchtigen lassen. Der unerschütterliche Glaube an sich selbst bildet die Grundlage für alle weiteren Erfolge.

Sie müssen sich ganz stark der Tatsache bewusst sein, dass der Mut zu Fehlern alle die Menschen kennzeichnet, die Großes verwirklichen wollen. Die Angst vor Fehlern führt dagegen zu einer totalen Lähmung der Initiative, der Fähigkeit zu handeln.

Deshalb lautet die Maxime der Erfolgreichen für den Umgang mit Niederlagen ganz einfach: „Wenn ich hinfalle, muss ich sofort wieder aufstehen!“ Das ist die simple Wahrheit, die letzten Endes zu einem erfolgreichen Leben führt!

289

Bleiben Sie nie bei einer sogenannten Lebenskrise stehen. Lebenskrisen sind dazu da zu testen, wie groß Ihr Wille zum Erfolg ist. Vor allem, ob Ihre Kraft als Persönlichkeit ausreicht, auch längere Durststrecken zu überwinden. Es gibt keine Situation im Leben, in der man nicht wieder aufstehen kann, auch wenn die Vorzeichen noch so ungünstig sind.

Wenn es objektive Kriterien gäbe, die den hundertprozentigen Erfolg garantieren, könnte jeder erfolgreich sein. Denken Sie nur an die zahlreichen Beispiele von Buchmanuskripten, von Filmskripten, von Erfindungen, von politischen Entscheidungen, die von vielen als völlig verfehlt eingeschätzt wurden. E.T., ein riesiger Kassenschlager, wurde von sechs Filmgesellschaften abgelehnt. Das Konzept von Disneyland wurde von 356 Bankdirektoren als völlig absurd abgelehnt. Diese Beispiele zeigen zweierlei: erstens, dass man niemals aufgeben darf, und zweitens, dass ein ungeheures Vertrauen in sich selbst und in die Richtigkeit der eigenen Pläne entscheidend ist.

290

Ja, ich kann mir sehr gut vorstellen, dass Sie Sorgen haben, dass Sie mit großen Problemen kämpfen und dass Sie sich derzeit noch nicht den Lebensstandard leisten können, der Ihnen angemessen scheint. Ich kenne die Situation sehr gut, dass auch nach jahrelangen Anstrengungen die Lebensziele noch in weiter Ferne liegen. Es ist nur zu natürlich, dass wir dann dazu neigen, die Welt nur noch grau in grau zu sehen. Das dürfen Sie für Ihr Leben niemals zulassen.

Selbst der schwärzeste Tag kann Ihnen Lichtblicke schenken, wenn Sie nur Ihre Augen und Ihre fünf Sinne dafür offen halten. Entscheiden Sie sich niemals für Jammern und Klagen, für Missmut und negatives Denken. Denn Jammern und Klagen ziehen Misserfolge erst an. Treffen Sie die richtige Programmwahl! Wählen Sie die Hoffnung und die Zuversicht!

291

Sagen Sie einmal probehalber zu sich selbst: „Ich will ein starker und erfolgreicher Mensch werden!" Welches Gefühl haben Sie dabei? Spüren Sie, dass Ihr Denken wirklich auf dieses Ziel ausgerichtet ist?

Viele Menschen würden sich bei diesem Gedanken erschreckt an die Stirn fassen und sagen: „Mein Gott, ich doch nicht!" Aber wie soll ein Mensch erfolgreich werden und eine wichtige Position in der Gesellschaft einnehmen können, wenn er schon bei dem Gedanken daran Angstzustände bekommt.

Für erfolgreiche Menschen dagegen ist diese Vorstellung die einzig akzeptable. Ja, denken Sie sich in eine große und erfolgreiche Position hinein!

292

Das ganze Leben ist letzten Endes ein Wechselstrom zwischen positiver und negativer Ladung. Wir müssen ständig Dämme bauen gegen das Negative, das von außen an uns herangetragen wird, aber auch gegen negative Strömungen, die wir in uns selbst spüren.

Wie oft höre ich Menschen sagen: „Ja, das Leben könnte so schön sein, aber die Realität ist nun mal ganz anders!" Das klingt sehr realistisch, ist aber doch nur eine Ausrede, die geradewegs in die Erfolglosigkeit führt.

Tatsachen an sich gibt es gar nicht. Es gibt nur unsere Wahrnehmung und die Empfindungen, die wir damit verknüpfen. Deshalb ist es so wichtig, offen zu sein für das Gute im Leben und für eine positive Zukunft! Die Gegenwart richtig leben heißt vor allem, die richtige Einstellung finden zu allem, was einem begegnet!

293

Wenn Sie in Ihrem Leben die Führung übernehmen wollen, müssen Sie in erster Linie Mut zeigen! Und Mut beginnt damit, die Furcht vor dem Fehlermachen und damit die Angst vor Kritik zu überwinden. Wer Angst hat vor dem Fehlermachen, drückt sich davor, Verantwortung zu übernehmen.

Steigen Sie aus dem Karussell der lähmenden Fehlervertuschungsstrategien aus. In hierarchisch strukturierten Firmen machen sie bis zu achtzig Prozent des Arbeitsaufwandes der Führungsriege aus! Und in der mittleren Etage wahrscheinlich noch mehr!

Die Unfähigkeit zu delegieren kommt aus der Furcht vor den Fehlern der anderen. Stöße von Aktennotizen und drei Dutzend Unterschriften unter jedem Auszahlungsbeleg signalisieren nur die Angst vor den eigenen Fehlern!

Verantwortung übernehmen dagegen spart Zeit und Geld!

294

Wie überwindet man lähmende Geisteszustände? – Ganz einfach – mit Begeisterung! Ein Leben ohne Begeisterung ist nur halb gelebt. Kein Mensch, kein Unternehmen, kein Land kann auf Dauer erfolgreich sein, wenn die Begeisterung fehlt.

Ehrliche Begeisterung können Sie an der Sprache der Menschen hören. Leider auch das Gegenteil. Hüten Sie sich vor der Zusammenarbeit mit Menschen, die alles, was sie sagen, mit einem „eigentlich“ relativieren. Das ist die Zauberformel, mit der man jedes Vorhaben im Nu in Luft auflösen kann: „Eigentlich hätte ich gern ...., aber es geht leider nicht!“ Geht nicht, gibt's nicht!

295

In der Sprache drückt sich sehr genau aus, was wir für ein Bild von uns selbst haben. Wenn jemand zu Ihnen sagt: „Eigentlich würde ich mich gern selbstständig machen!“, wissen Sie genau, dass es nie dazu kommen wird. Hinter diesem „eigentlich“ versteckt sich die ganze Unentschlossenheit, die jemand mit sich herumschleppt. Diese Weichspüler sind Ausdruck für gewaltige Erfolgsblockaden. Sie verhindern jeden ernsthaften Entschluss, das auch wirklich zu tun, was man sich vorgenommen hat.

Streichen Sie deshalb alle diese „eigentlich“, „aber“ und „vielleicht“ aus Ihrem Wortschatz. Denn werden Sie plötzlich erkennen, dass Ihren Ausreden und Entschuldigungen die Grundlage entzogen ist.

296

Hören Sie nicht nur auf die Sprache der anderen. Überprüfen Sie ständig auch Ihre eigene Sprache. In Ihrer Sprache zeigt sich sehr genau, ob Sie die richtige Geisteshaltung für Ihren Erfolg besitzen. Sie müssen für Ihren Weg zum Erfolg einen Mut und eine Entschlossenheit entwickeln, die sich in Sätzen ausdrückt wie: „Ich weiß, dass ich es schaffe!“, „Das klappt bestimmt!“, „Ich gebe nicht auf, bevor ich mein Ziel nicht erreicht habe.“

Es nützt natürlich nichts, diese Sätze ohne innere Überzeugung zu sprechen. Ihre Stimme würde einen Mangel an Entschlusskraft sofort verraten. Nur wenn Sie von Ihrem Erfolg wirklich überzeugt sind, können Sie auch andere von Ihrer Entschlossenheit überzeugen!

297

Motivation bedeutet die permanente Herausforderung, dass die Stimmung ständig auf der gleichen Höhe, oder sagen wir besser, auf der gleichen Frequenz gehalten wird. Und zwar gilt das für den Einzelnen wie für ein Team oder ein ganzes Unternehmen. Wenn die Stimmung nur in einem Punkt oder in einer Person eines Teams stark nachlässt, kann der ganze Motivationspegel gefährdet sein.

Die Resonanz mit dem Umfeld ist von ausschlaggebender Bedeutung für die Motivation. Deshalb können Sie auch nur dann wirklich überzeugend andere Menschen motivieren, wenn Sie in Ihrer Grundhaltung gefestigt und weniger als andere von Stimmungsschwankungen und Einflüssen von außen abhängig sind.

298

Sind Sie mit Ihrer Motivation schon an einem Punkt angelangt, wo Sie sich fragen, ob deren Kraft noch steigerungsfähig ist? Darauf kann ich Ihnen nur antworten: „Ja, jederzeit!“ Motivation ist keine feste Größe, aber die Stärke Ihrer Motivation bedingt die Größe Ihres Erfolgs.

Diese treibende Kraft der Motivation steckt in jedem von uns – und in jedem lässt sie sich steigern. Auch in den Menschen, die lustlos und mit mürrischem Gesicht in der U-Bahn sitzen und einem freudlosen Arbeitstag entgegendösen.

Derjenige aber, der im Vollbesitz seiner körperlichen, geistigen und seelischen Kräfte steht und sich von dieser Kraft der Motivation vorantreiben lässt – zur Verwirklichung seiner Lebensziele –, der kann sie ins Unermessliche steigern.

299

Sobald wir uns Herausforderungen stellen, die über unsere gegenwärtigen Grenzen hinausgehen, wissen wir, wozu wir fähig sind!

Die Erfolgsgeschichte der Menschheit ist voll von Beispielen, wie Menschen Armut, Not, Krankheit, körperliche Gebrechen überwanden und nie für möglich gehaltene Ziele erreichten.

Einer der ersten Bestseller der Nachkriegszeit erzählt in Romanform die sagenhafte Geschichte eines deutschen Kriegsgefangenen, der ganz allein und auf sich gestellt aus einem Arbeitslager in Sibirien floh und der nach einer nahezu unvorstellbaren Fußwanderung von über 6000 Kilometern die persische Grenze erreichte, von wo aus er nach Deutschland zurückkehren konnte. Sein Titel lautet „So weit die Füße tragen!

Wie viel Mut, wie viel Ausdauer, wie viel Leidensfähigkeit, wie viel Geistesgegenwart waren nötig, um dieses Ziel zu erreichen?

300

Nichts verloren zu geben und mutig jeder Gefahr und jeder Niederlage ins Auge zu sehen ist eine unverzichtbare Voraussetzung für Erfolg. Erfolg entsteht immer dann, wenn man in schier aussichtslosen Situationen nicht aufgibt, sondern entschlossen weiterkämpft.

Ich denke dabei an Winston Churchill. Dieser bedeutendste Staatsmann Großbritanniens im 20. Jahrhundert musste in seiner politischen Karriere unglaubliche Rückschläge überwinden. Hochbetagt wurde er an die Universität von Oxford eingeladen, um den jungen Menschen das Geheimnis seines Erfolgs zu erläutern. Es herrschte gespannte Erwartung.

Winston Churchill trat – nach der ausführlichen Einführungsrede eines Professors – ans Rednerpult und sagte nur einen einzigen Satz: „Das Geheimnis meines Lebens ist: Ich habe nie, nie, nie aufgegeben!“ Dann ging er an seinen Platz zurück. Das war der kürzeste Vortrag, den Oxford je erlebt hatte! Aber dahinter stand die Erfahrung eines ganzen Lebens.

301

Viele Menschen erkennen intuitiv, dass ihr Verhalten in bestimmten Situationen nicht ihrem tatsächlichen Wesen entspricht, dass sie sich einfach falsch verhalten und damit Schwierigkeiten über Schwierigkeiten produzieren. Bei dem einen ist es ein Mangel an Mut, bei dem anderen eine Unsicherheit, die er mit Arroganz zu überdecken sucht. Andere haben das deutliche Gefühl, dass sie ständig unter ihrem Wert eingestuft werden.

Die Frage ist, wie kann man sich von einer solchen Verhaltensweise befreien? Wie kann man sich neue, erfolgreiche Verhaltensmuster aneignen? – Ich meine, es ist das Beste, sich immer wieder diesen Situationen auszusetzen und sein Verhalten dabei Schritt für Schritt seiner Wunschvorstellung anzugleichen.

302

Haben Sie sich nicht auch schon manchmal gefragt, ob es wirklich sinnvoll ist, bei allen Problemen, denen wir begegnen, in die Tiefe zu gehen, bis ins Letzte die Ursachen zu erforschen anstatt ohne Umwege auf eine Lösung zuzugehen?

Viel zu viele Menschen schärfen nur ihr Problembewusstsein, aber nicht ihr Lösungsbewusstsein. Sie zerren ein Problem nach dem anderen an die Oberfläche ihres Bewusstseins und kommen so ihrem Lebensziel nie näher. Problembewusstsein ist häufig nur die akademische Verbrämung von Entscheidungsunfähigkeit.

Gehen Sie einfach ganz pragmatisch vor. Nicht immer ist die Kenntnis der Ursachen ausschlaggebend für die Lösung von Problemen.

303

Gehören Sie auch zu den Menschen, die schon Herzklopfen bekommen, wenn sie in einer Gruppe von zehn oder zwanzig Leuten eine persönliche Stellungnahme abgeben sollen? Damit sind Sie weiß Gott nicht allein. Lampenfieber ist ein sehr weit verbreiteter Angstzustand. Doch wie bekämpft man Lampenfieber am wirkungsvollsten? – Am besten, indem man sich bewusst Situationen aussetzt, die Lampenfieber verursachen.

Ich besuchte einmal eine Computermesse in Paris und wurde aufgefordert, vor über 600 Menschen aus allen Ländern der Erde einen Vortrag über den Handel mit Mikrochips zu halten – in Englisch! Das war eine große Chance, unser Unternehmen bekannt zu machen, aber ich hatte schreckliches Lampenfieber und musste meinen ganzen Mut zusammennehmen, um überhaupt ans Rednerpult zu treten. Doch mit jedem Satz, den ich sagte, wurde ich ruhiger.

Seit dieser Mutprobe habe ich Hunderte von Vorträgen, zum Teil vor über tausend Menschen gehalten. In dem Moment, wo ich vor mein Publikum trete, bin ich absolut ruhig – bis auf einen kleinen Rest Lampenfieber, den jeder braucht, um wirklich gut zu sein!

304

Not macht erfinderisch – wenn man nicht jammert, sondern über Lösungen nachdenkt. Dazu gehört eine gute Portion Neugier und Staunen über ganz alltägliche Dinge, deren Existenz wir als viel zu selbstverständlich ansehen. Bereiten Sie sich deshalb das Vergnügen, einen Tag im Monat nichts als selbstverständlich anzusehen, sondern zu überlegen, welche Idee dahinter steht, wer sie als Erster hatte und was ihn dazu gebracht hat, sie in Wirklichkeit zu verwandeln.

Damit können Sie Ihre eigene Kreativität steigern. Stellen Sie sich täglich die Frage: „Wie kann ich meine Kreativität steigern. Wie bringe ich kreative Gedanken in meinen Alltag, in den Umgang mit meinen Mitmenschen, mit immer wiederkehrenden Problemen?"

Aus der Kombination von Neugier, Kreativität und Fleiß entstehen die Lösungen, die unser Leben zum Positiven hin verändern!

305

Es ist ein weit verbreiteter Irrgaube, dass die Urheber herausragender Leistungen menschlicher Kreativität immer außergewöhnliche Genies waren. Das stimmt so nicht. Sie wurden zu großen und außergewöhnlichen Menschen, weil sie sich große und außergewöhnliche Ziele gesetzt hatten und diese mit außergewöhnlicher Motivation und Tatkraft angepackt haben. Sie haben diese Ziele mit ihrer Fantasie, mit ihrem Geist, oft mit großer Geduld und immer mit großer Ausdauer, mit Fleiß und Intuition in Realität verwandelt.

Thomas Alva Edison, einer der größten Erfinder der Menschheitsgeschichte, antwortete auf die Frage, was seine Genialität ausmache: „Genie ist zu einem Prozent Inspiration und zu 99 Prozent Schweiß (engl. perspiration)!“ Und mit seiner berühmten Geschichte von der Erfindung der Glühlampe nach annähernd 10000 fehlgeschlagenen Versuchen hat er dies auch mehr als eindrucksvoll bewiesen.

Wie viele Versuche sind Sie bereit zu unternehmen, um ein kniffliges Problem zu lösen?

306

Routine ist eine sehr zwiespältige Angelegenheit. Bei der Einarbeitung in ein neues Fachgebiet oder in einen neuen Job sind wir froh, wenn wir einen Großteil der Aufgaben nach einiger Zeit erledigen können, ohne noch lange darüber nachdenken zu müssen. Das birgt aber die Gefahr, dass wir auch nicht mehr darüber nachdenken, ob es vielleicht bessere Lösungen gibt.

Gehen Sie deshalb ab sofort – wenigstens für eine Woche – mit großer Bewusstheit an die Routineabläufe in Ihrem Arbeitsprogramm heran. Sie werden überrascht sein, wie viele Tätigkeiten Sie erledigen, ohne über ihre Zweckmäßigkeit und Verbesserungsfähigkeit nachzudenken.

Unterbrechen Sie den gleichförmigen Strom der Routine, um zu neuen und besseren Lösungen zu finden, denn mit einer Routine, die wir nicht mehr bewusst leben, können wir auch sehr schnell ins Abseits geraten.

307

Jeder Tag und jede Stunde, die wir in einem Zustand der Unzufriedenheit verleben, ist für das Glückskonto unseres Lebens unwiederbringlich verloren!

Kürzlich erhielt ich eine E-Mail von einem jungen Mann, der sich in einer beruflich äußerst schwierigen Situation befunden hatte. Er sah in der Firma, in der er arbeitete, keine Zukunft mehr. Er war unzufrieden mit sich, mit seiner Arbeit und er spürte, dass seine Unzufriedenheit anfing, auch auf sein Privatleben überzugreifen. Zufällig stieß er in einem Buchladen auf eines meiner Bücher über Motivation.

Was er darin über die Kraft dieser Lebenswissenschaft fand, regte ihn so an, dass er beschloss, sein Fernstudium der Ingenieurswissenschaften, das er zwei Jahre zuvor aufgegeben hatte, wieder aufzunehmen.

Aber nicht nur das! Er führte es auch zu Ende, bewarb sich mit diesem Abschluss in der Tasche bei einem dynamischen und erfolgreichen Unternehmen und ist damit, wie er schrieb, auf dem besten Weg, sein Leben so zu organisieren, dass er wieder richtig Freude hat. Er ist sogar dabei, endlich seinem Herzenswunsch nachzugeben und eine Familie zu gründen.

Unzufriedenheit mit dem Ist-Zustand ist ein wichtiges Argument für Veränderungen!

308

Bei den meisten Menschen ist die Furcht vor Veränderungen größer als der Wunsch, ein wirklich erfolgreiches Leben zu führen. Sie nehmen lieber Einschränkungen über Einschränkungen in Kauf, nur um nichts Grundsätzliches verändern zu müssen. Dabei verrinnt das Leben, denn alles, was wir tun oder nicht tun, ist untrennbar mit dem Faktor Zeit verbunden.

Deshalb ist es so wichtig, dass Sie sich darüber im Klaren sind, dass alles, was Sie tun – oder nicht tun – unmerklich den Gang Ihres Lebens bestimmt. Wenn Sie noch immer weit von Ihren Träumen und vor allem meilenweit von Ihren Möglichkeiten entfernt sind, müssen Sie sich einfach fragen: Welche gewohnheitsmäßigen Reaktionen, welche Grundhaltungen und welche Denkweisen sind für die Lebensumstände verantwortlich, in denen Sie sich heute befinden? Die Antwort darauf ist oft sehr ernüchternd und nicht selten schmerzhaft.

Deshalb ist es unbedingt notwendig, dass Sie jetzt, in diesem Augenblick, damit beginnen, Ihre Entscheidung für positive Veränderungen zu treffen.

309

Wenn Sie jemals versucht haben, ein Auto anzuschieben, bei dem der Motor streikt, dann wissen Sie, dass es die größte Anstrengung kostet, dieses Ding aus dem Stand ins Rollen zu bringen. Mit Ihrer Erfolgskarriere verhält es sich ganz ähnlich. Die Anfangsphase kostet immer die meiste Kraft. Nach einiger Zeit scheinen die Schwierigkeiten wie von selbst abzunehmen – bis zu dem magischen Punkt, an dem alles wie von selbst zu laufen scheint. Plötzlich kommen verborgene Kräfte zum Vorschein, von denen Sie nichts geahnt haben.

Auf diesen Punkt müssen Sie hinarbeiten, und Sie werden einen Erfolg erleben, den Sie nicht für möglich gehalten haben.

310

Denken Sie immer wieder über Ihr Lebensziel nach – ganz besonders, wenn Sie das Gefühl haben, dass die Alltagsroutine Sie aufzufressen droht. Dieses große Ziel ist in uns angelegt wie in einem winzigen Samenkorn, aus dem nach seinen eigenen Gesetzen ein großer und starker Baum heranwachsen kann.

Sobald Sie die tiefe Harmonie des Einklangs mit der selbst gestellten Aufgabe gefunden haben, können Sie auf alle Regeln verzichten, die von außen an Sie herangetragen werden.

Dieses Einssein mit Ihrem Lebensziel werden Sie ohne Zweifel erreichen, wenn Sie mit ganzem Herzen bei Ihrer Lebensarbeit sind. Dann verbinden sich die Tiefen Ihres Denkens, Fühlens und Handelns mit dieser selbst gestellten Aufgabe.

311

Wecken Sie in sich jeden Tag aufs Neue die Bereitschaft zu wachsen. Interessieren Sie sich für alles, was Ihnen auf dem Weg zu Ihrem Lebensziel weiterhelfen kann. Seien Sie bereit, jeden Tag dazuzulernen und auftauchende Probleme als Wegweiser zu verstehen.

Selbstverständlich werden dabei immer wieder Situationen auf Sie zukommen, die Sie zwingen, Einzelheiten Ihres Lebensplans zu ändern. Die große Richtung dürfen Sie jedoch niemals ändern.

Ihr Lebensziel ist der Polarstern, an dem Sie sich orientieren können. Wenn Sie dieses Ziel aus den Augen verlieren, ist es sehr fraglich, ob Sie jemals dort ankommen, wo Ihre Bestimmung liegt.

312

Wird Ihr Leben von überwiegend negativen Ereignissen bestimmt? Von immer wiederkehrenden Schwierigkeiten, gegen die Sie mit aller Kraft ankämpfen müssen? Dann sollten Sie den Rat eines Gärtners beherzigen. Wenn Sie ein Gartenbeet brach liegen lassen, wächst Unkraut. Nun können Sie tagaus, tagein Unkraut jäten – und sich darüber ärgern, dass es jeden Tag nachwächst.

Es gibt nur eine einzige wirksame Methode, diese sinnlose Mühe in erfreuliches Tun umzuwandeln und das Beet von Unkraut zu befreien – pflanzen Sie einfach Blumen. Dann wird zwar immer noch ein wenig Unkraut wachsen, aber das können Sie mit wenigen Handgriffen beseitigen.

Vermeiden Sie unter allen Umständen den Kreislauf des Negativen: Bringen Sie Ihr Leben zum Blühen. Dann haben negative Entwicklungen keine Chance!

313

Die Gründe, die gegen unseren Erfolg angeführt werden, sind meist zahlreicher als alle hoffnungsvollen Pläne, die wir für unsere Zukunft schmieden.

Viele Menschen haben von sich aus nicht die Kraft, den unerschütterlichen Willen und das Feuer der Motivation, gegen diese Einschränkungen anzugehen. Sie sehen keine Möglichkeiten, wie sie sich von inneren Blockaden befreien können, wie sie kleine Hürden oder auch große Niederlagen überwinden können.

Wenn Sie sich jedoch Ihrem Lebensziel verschrieben haben, haben Sie einen Weg begonnen, der vom Schmerz zur Freude, von der Niederlage zum Erfolg, von Schwierigkeiten in den Beziehungen zu einem erfüllten Miteinander führen wird.

Suchen Sie Tag für Tag und ganz intensiv eine Antwort auf die wichtigste Frage Ihres Daseins: Wie bringe ich das Positive, die Freude, den Erfolg und das Glück in mein Leben?

314

Der zuverlässigste Start ist der Start von ganz unten, denn Erfolge entstehen niemals aus Gleichgültigkeit, aus Faulheit oder aus Mangel an Ehrgeiz.

Das ist die große Gefahr für junge Menschen, denen von ihren Eltern alle Schwierigkeiten aus dem Weg geräumt werden. Ihr Antrieb, etwas Großes zu schaffen, mit eigener Leistung Wohlstand zu schaffen, etwas zu bewegen, ist oftmals gering entwickelt.

Das zeigte sich ganz deutlich am Ende der Wirtschaftswunderzeit, als viele der Unternehmensgründer in der eigenen Familie keine Nachfolger fanden. Ihre Kinder hatten immer nur die angenehmen Seiten des Erfolgs miterlebt. Der Kampf und das Ringen um den Erfolg war ihnen leider erspart geblieben.

Seien Sie dankbar für einen Aufbruch zu einem Lebensziel, das Sie sich selbst schaffen mussten.

315

Betrachten Sie sich mal ganz ehrlich im Spiegel Ihres Bewusstseins. Sind Sie ein Mensch, der lieber reagiert, oder agieren Sie aus eigenem Antrieb? Handeln Sie aus eigener Initiative oder warten Sie, bis Sie von den Ereignissen dazu gezwungen werden?

Wenn Sie eher zu den Menschen gehören, deren Handlungsprinzip das Abwarten ist, dann sollten Sie an diesem Punkt mit einer Veränderung beginnen. – Warum?

Erfolgsbewusste Menschen handeln vorausschauend, um Probleme erst gar nicht entstehen zu lassen, und sie nutzen Gelegenheiten, lange ehe die Spatzen sie von den Dächern pfeifen!

Die Fähigkeit, Gelegenheiten zu ahnen und entschlossen beim Schopf zu packen, ist eines der Geheimnisse erfolgreicher Menschen!

316

Sie streben Erfolg an? – Dann müssen Sie alle Informationen mit großer Sensibilität entsprechend ihrer Aussagekraft für die Zukunft bewerten. Wer nämlich das Kommende nicht vorhersieht, ist ausschließlich mit Krisenmanagement beschäftigt. Die Zukunft zu erahnen und entsprechend zu planen, ist das Kennzeichen erfolgreicher Menschen.

Die Zukunft der Menschheit wird von denjenigen geprägt, die unter der Oberfläche der Realität die Wirklichkeit einer Vision erkennen. Und das gilt auch für Ihre ganz persönliche Zukunft!

317

Wissen Sie bereits, was Sie wollen, und glauben Sie auch daran, dass es machbar ist? Dann haben Sie sicher auch einen Plan entworfen, um es Realität werden zu lassen. Es ist dann nur noch eine Frage Ihrer Ausdauer, ob Sie Ihr Ziel erreichen.

Menschen mit Initiative sind davon überzeugt, dass ihre Zukunft von ihrem Handeln abhängt, und diese Einstellung ist wiederum dafür verantwortlich, dass sie mit allen auftauchenden Schwierigkeiten und Rückschlägen fertig werden. Wer sich dagegen als hilfloses Rädchen im unüberschaubaren Räderwerk des Lebens empfindet, wird nie die Initiative ergreifen, um sein Leben in andere Bahnen zu lenken.

Gehen Sie an die Stellschrauben Ihrer Lebensplanung!

318

Von Menschen, die ihre Zukunft am liebsten schwarz malen, wird der Optimismus der Erfolgreichen oft als pure Anmaßung gegenüber dem Schicksal empfunden. Aber nicht nur zahlreiche Biografien erfolgreicher Menschen, sondern auch wissenschaftliche Studien zeigen ganz deutlich, dass der Optimismus eine entscheidende Triebkraft für die Bewältigung von Schwierigkeiten darstellt.

Wenn Sie sich der Kraft Ihrer Motivation bewusst sind und wenn Ihre Vorstellung von sich und von Ihrer Lebenssituation grundsätzlich positiv, zuversichtlich und voller Optimismus ist, wird Ihr zukünftiger Lebensweg völlig anders verlaufen, als Sie sich das bisher vorstellen konnten.

Sie werden dann trotz aller vorübergehenden Beunruhigungen, Sorgen und Misserfolge niemals den Glauben an sich selbst verlieren. Dieser Glaube wird Sie unüberwindlich stark machen und Ihnen die Kraft verleihen, um keinen Preis aufzugeben. Sie werden dann plötzlich die Wunderkraft der Motivation – ja, das Geheimnis der Motivation – an sich selbst erleben und eine herrliche, von Leben und Freude erfüllte Zukunft vor sich sehen: Ihre Visionen und Wunschträume werden sich Stück für Stück in greifbare, fühlbare Wirklichkeit verwandeln.

319

Unternehmer, die eine pessimistische Sicht der Dinge vertreten, sind ein Widerspruch in sich selbst. Denn ein Unternehmer, der Rückschläge nicht als Folge korrigierbarer Fehler ansieht, wird auch nicht durch geeignete Schritte dafür sorgen, dass die Ursachen der Rückschläge verschwinden.

Ein optimistischer Mensch dagegen sieht im Ausharren eine Möglichkeit, positive Veränderungen herbeizuführen. Ja, glauben Sie mir: Zweckoptimismus hat durchaus einen Zweck! Er kann die positive Veränderung einer kritischen Situation herbeiführen. Zweckpessimismus hat auch einen Zweck. Er sucht bereit nach Ausreden, ehe der Rückschlag eingetreten ist.

320

Diejenigen, denen es an Initiative, an Erfolgsbewusstsein und an Eigenverantwortung mangelt, neigen am ehesten dazu, aufzugeben, sobald sich Schwierigkeiten abzeichnen. Das sind in der Regel auch diejenigen, die jemanden brauchen, der ihnen sagt, wie sie handeln sollen.

Wenn Sie bei ehrlicher Selbstbetrachtung zu dem Ergebnis kommen, dass diese Einstellung bisher Ihre größte Erfolgsblockade dargestellt hat, dann dürfen Sie jetzt um Himmels willen nicht den falschen Schluss ziehen und sagen: „So bin ich eben!“

Nein, ergreifen Sie die Initiative und unternehmen Sie einen ersten Schritt in Richtung positiver Veränderung – jetzt!

321

Erfolg ist, bei aller notwendigen Eigenständigkeit und Einzelleistung, immer etwas, das aus Gemeinschaft und Teamgeist entsteht. Im Sport ist es eine Binsenweisheit, dass eine Mannschaft nur siegen kann, wenn das Zusammenspiel klappt. Das gilt in gleicher Weise auch für Wirtschaftsunternehmen.

Unabhängig von der Größe seines Teams ist es für jeden erfolgsbewussten Menschen wichtig, die Gefühle und Sichtweisen seiner Partner und Kunden zu erfassen und richtig einzuschätzen.

Zuhören und sich in den Standpunkt seines Gesprächspartners hineinversetzen können bilden den Beginn, den Hauptteil und den Abschluss jeder erfolgreichen Verhandlung. Richtiges Zuhören ist eine wichtige Voraussetzung für den Erfolg.

322

Beschränken Sie Ihr Engagement und Ihr Interesse an Ihren Geschäfts- und Vertragspartnern nicht auf die Gelegenheiten, bei denen Sie selbst ansehnliche Erfolge verbuchen können. Engagieren Sie sich für den Erfolg der anderen auch dann, wenn für Sie damit nicht vordergründig ein Vorteil verbunden ist.

Schicken Sie eine SMS oder E-Mail, wenn Sie auf eine Information gestoßen sind, die einen Ihrer Geschäftspartner interessieren könnte. Verbindungen, die Sie nur dann wieder aufleben lassen, wenn für Sie ein Gewinn dabei herausschaut, entwickeln sich niemals zu einer echten Partnerschaft.

Die wichtigste Botschaft steht dabei nämlich zwischen den Zeilen: „Sieh an, der interessiert sich für mich!“

323

Vieles in unserer Wirtschaft und in der Gesellschaft allgemein läuft meiner Überzeugung nach deshalb schief, weil sich so viele Menschen nur noch auf der Sachebene bewegen.

Ich persönlich glaube fest daran, dass es einen riesigen Unterschied für den Zustand der Menschheit auf unserem Globus macht, ob wir uns nur mit unpersönlichen Wirtschaftsdaten beschäftigen oder gar aggressive, feindselige, fanatische und die zwischenmenschliche Kommunikation vernichtende Gedanken aussenden oder ob wir positive Botschaften auf den Weg bringen, Botschaften, die von einer starken und warmherzigen Motivation getragen werden.

Wir leben nun mal nicht nur auf der Sachebene. Deshalb geht der echte Erfolg immer auch über die Ebene der Emotion. Er umfasst alle Lebensbereiche. Vor allem den Bereich der Sympathie.

324

Was ist Ihnen lieber – Lob oder Kritik, Anerkennung oder Fehlerstatistik? Die Antwort auf diese Frage liegt auf der Hand. Unsere Begeisterung, unser Engagement wächst auf dem Nährboden von Lob und Anerkennung. Das gilt für alle Menschen, vor allem für diejenigen, mit denen wir zusammenarbeiten. Deshalb sollten Sie es sich zur Gewohnheit machen, zuerst immer nach den Pluspunkten zu schauen – und auch darüber zu sprechen.

Freuen Sie sich über die leuchtenden Augen, die Sie mit einem Lob für pünktliche und saubere Arbeit bei einer Mitarbeiterin oder einem Mitarbeiter hervorrufen. Halten Sie heute mal ganz besonders Ausschau nach Gelegenheiten, andere zu loben. Echtes Lob und echte Anerkennung sind die wichtigsten Erfolgsprämien!

325

Sie sind mit Ihrer Arbeit an einem Punkt angelangt, an dem Sie nicht mehr allein weiterwissen? – Sie brauchen Rat und vielleicht sogar Hilfe? – Sie müssten wenigstens mit jemandem darüber sprechen, um einen Ausweg zu finden? –

Wie viele Menschen kennen Sie, die Sie spontan anrufen können und von denen Sie wissen, dass sie Ihnen bereitwillig und aus echter menschlicher Anteilnahme weiterhelfen werden?

Wenn Ihnen nicht wenigstens ein halbes Dutzend Namen einfallen, haben Sie sich in den vergangenen Jahren zu wenig um tragfähige Kontakte gekümmert. Bauen Sie ganz konsequent ein Umfeld von Menschen auf, die Ihnen wohlgesinnt sind, weil auch Sie jederzeit bereit sind, ihnen zu helfen.

326

Woraus setzt sich Ihr Bekanntenkreis zusammen? Hoffentlich nicht nur aus Menschen, die alle aus derselben Branche oder aus derselben Gesellschaftsschicht kommen.

Zu meinem Bekanntenkreis gehören Ärzte, Juristen, Handwerker, Künstler, Schriftsteller, Sportler, Bauern, Geschäftsleute – die Liste ließe sich beliebig fortsetzen. Die Gespräche mit ihnen bereichern mein Denken und geben meinem Leben Farbe! Und gelegentlich kann ich den einen oder anderen einfach anrufen und um Rat fragen oder um eine Auskunft bitten.

Gerade in unserer Zeit gibt es eine unerhörte Vielfalt möglicher Betätigungsfelder und vor allem möglicher Querverbindungen. Deshalb sollten Sie Ihre schöpferische Fantasie durch Einblicke in ein vielseitiges Spektrum von Branchen, von Denkweisen und Verhaltensweisen steigern.

327

Die Vielfalt Ihres Bekanntenkreises sagt sehr viel über Ihre Interessen, über Ihr Selbstbewusstsein und damit gleichzeitig auch über Ihr Erfolgsbewusstsein aus. Legen Sie jede Scheu ab, Kontakt zu Menschen zu suchen, die einen höheren Schulabschluss haben, über einen Doktor- oder Professorentitel verfügen und vielleicht einer Gesellschaftsschicht angehören, zu der Sie bis jetzt keinen Zugang hatten.

Menschen, auf die Sie wirklich zählen können, beurteilen auch Sie nach Ihrer Persönlichkeit und nach Ihren Leistungen, nicht nach Äußerlichkeiten. Widerstehen Sie vor allem der Versuchung, mehr vorzugeben, als Sie mit Ihrem Leben wirklich belegen können.

328

Erfolg ist, wenn dir alle zuhören!

Diesen Satz wollte ich schon kommentarlos so stehen lassen und Sie damit auffordern, den Rest der Seite mit Ihren verblüfften Überlegungen zu füllen.

Was hat es damit auf sich? – Jeder von uns kennt die Situation, dass er in einer Runde einen Gedanken äußert – und niemand nimmt diesen Gedanken zur Kenntnis. Er bleibt wie nie gesagt. Das ist ziemlich enervierend. – Warum? – Weil diese Nichtbeachtung an die Wurzeln unseres Selbstverständnisses geht. Das hat nichts damit zu tun, ob das, was wir gesagt haben, besonders intelligent oder auch besonders unsinnig war.

Es ist eine Frage des Gewichts unserer Persönlichkeit – zumindest, wie es die anderen wahrnehmen. Vieles von dem, was bekannte Geistesgrößen, CEOs von Weltfirmen, hochgestellte Politiker, Präsidenten und Staatslenker von sich geben, sind absolute Banalitäten – es ist einzig und allein ihre Position, die dem Gesagten Gewicht verleiht.

Geben Sie Ihrer Persönlichkeit das Gewicht, dass alle Ihnen zuhören!

329

Das Bild, das ich von mir selbst habe, bestimmt auch weitestgehend, wie ich in der Gesellschaft akzeptiert werde. Dieses Bild mag von meiner Herkunft, von meiner Erziehung oder auch von meinem Beruf vorbestimmt sein. Aber letzten Endes reagieren die Menschen immer auf die Kraft Ihrer Persönlichkeit, auf Ihre Ausstrahlung und auf Ihr Einssein mit sich selbst!

Arrogantes Auftreten bedeutet immer, dass hinter einem übersteigerten Anspruch auf Anerkennung keine entsprechende Leistung steht. Deshalb ist Selbstbewusstsein auch das Gegenteil von Dünkel, Einbildung und Arroganz – es ist Ihr „Selbst-Bewusstsein!"

Ein wirklich selbstbewusster und erfolgreicher Mensch ist in allem bescheiden, außer in seinen Ansprüchen an sich selbst!

330

Die Grundlage des Selbstbewusstseins bildet immer die Gewissheit, dass man auf seinem Gebiet erfolgreiche Arbeit leistet und einfach als Persönlichkeit etwas darstellt!

Wenn ich am Wochenende auf dem Land in die Sauna gehe, treffe ich gelegentlich auf einen Bauern, der in dieser Gegend ein kleines Anwesen bewirtschaftet. Wenn er von seiner Arbeit auf dem Feld, von seinen Kühen oder von seinen Bienenvölkern erzählt, hört ihm jeder aufmerksam zu – egal ob Handwerksmeister, Rechtsanwalt, Immobilienmakler oder Ladenbesitzer. Solange er spricht, ist er der absolute Mittelpunkt in dieser Saunarunde.

Das ist für mich der beste Beweis für eine ausgeprägte Persönlichkeit und ein ausgeprägtes Selbstbewusstsein, denn schließlich sind wir alle gleich „nicht-angezogen“.

331

Wissen Sie, dass Ihre Emotionen ansteckend wirken, wenn sie stärker sind als die Ihrer Mitmenschen? – Nein, bitte, probieren Sie diese Tatsache nicht mit zugekniffenen Augen, heruntergezogenen Mundwinkeln und abwehrend verschränkten Armen aus. Auch dieser Gemütsausdruck würde sich sehr schnell auf Ihre Gesprächspartner übertragen oder eine entsprechende Abwehrhaltung hervorrufen.

Ich mache die positive Erfahrung immer wieder im Verlauf meiner Vorträge. Menschen, die zu Beginn noch mit skeptischem Blick und verschränkten Armen vor mir saßen, beginnen nach einiger Zeit zu lächeln, die Arme zu öffnen und sich aufmerksam nach vorn zu beugen – ganz einfach, weil meine positive Motivationskraft stärker ist als ihre Skepsis.

Die Kunst positiver Beeinflussung besteht darin, die negative Stimmung der anderen nicht als feste Größe anzusehen, sondern sie von der Kraft der eigenen Emotionen zu überzeugen!

332

Sie haben sich so viel Mühe gegeben und sind trotzdem mit Ihren guten Ideen im Abseits gelandet? Kann es sein, dass Sie nicht genügend Neugierde und Begeisterung bei Ihren Kollegen oder Kunden erzeugen konnten?

Vor einiger Zeit unterhielt ich mich mit einem Investmentbanker eines der ältesten Unternehmen dieser Art. Er sagte zu mir: „Schauen Sie, Herr Lejeune, wir sind eines der ältesten Investmentunternehmen der Welt, mit Niederlassungen in über 20 Ländern, auf allen anderen führenden Finanzplätzen der Welt. Wir beraten Investmentfonds, Großbanken und Regierungen und wir verwalten das Vermögen von einigen der absolut Superreichen dieser Erde, aber wir sind trotzdem ein Anbieter unter vielen. Wir bieten dieselben Produkte, dieselben Dienstleistungen – und das weltweit. Wo wir hinkommen, sitzen Konkurrenten mit Produkten, die von uns geklont sein könnten. Also wodurch können wir uns von ihnen überhaupt noch abheben? – Einzig und allein durch den Service? Nein, darin stehen uns die in nichts nach. Das Einzige, was uns vor der ganzen Konkurrenz auszeichnen kann, sind die Menschen, die diese Produkte und Serviceleistungen anbieten.

333

Motivationskraft ist Führungskraft. Wenn Sie andere Menschen nicht motivieren können, sind Sie vielleicht ein guter Theoretiker oder ein guter Einzelkämpfer. Wenn Sie aber ein erfolgreicher Unternehmer, Teamchef oder Mannschaftskapitän werden wollen, ist eine der wichtigsten Voraussetzungen die emotionale Selbstkontrolle und die Fähigkeit, negative Emotionen wie Zorn, Trauer, Enttäuschung, Niedergeschlagenheit in positive Emotionen zu verwandeln und diese auf die gesamte Mannschaft zu übertragen.

Unerschütterlich auf sein Ziel zuzugehen hat nichts mit einer Unterdrückung der Gefühle zu tun. Unerschütterlich ist der, der seine Gefühle sehr genau wahrnimmt und sie in Erfolgsfaktoren verwandelt!

334

Wer motivieren kann, kann Wunder vollbringen. – In einer Zeit, in der die meisten Dienstleistungen weltweit auf höchstem Niveau angeboten werden, können Sie nur noch punkten, wenn Ihr Name für eine hoch motivierte, engagierte Persönlichkeit steht. Sie müssen sich emotional auf demselben Level bewegen wie Ihre Topkunden.

Gerade wenn Sie es mit Kunden zu tun haben, die sich selbst auf einem hohen Erfolgsniveau befinden, müssen Sie auch als Persönlichkeit interessant sein und überzeugend Begeisterung für Ihren Job ausstrahlen. Kunden dieser Kategorie wollen nur mit Menschen zu tun haben, die nicht nur ihre Fakten im Kopf haben und diese herunterschnurren wie eine Nähmaschine.

Das sind Menschen, die für sich selbst das Höchste an Erfolg erreicht haben, was überhaupt vorstellbar ist. Wenn zu denen jemand kommt, der nicht brennt, der keine Energie ausstrahlt und alles nur auf der Sachebene abhandeln will, der braucht nicht einmal seinen Aktenkoffer abzustellen. Der bekommt vom Butler höflichkeitshalber vielleicht noch eine Tasse Kaffee serviert oder ein Glas Wasser, dann kann er wieder abziehen. Der interessiert die gar nicht. Das ist der Punkt.

Glauben Sie mir, Erfolg ist in erster Linie eine Frage der Persönlichkeit!

335

Das Ergebnis Ihres Lebens ist die Summe aller einzelnen Entscheidungen, denn die Richtung Ihres Lebens wird von dem bestimmt, was Sie Tag für Tag, Stunde um Stunde denken, fühlen und entscheiden.

Konzentrieren Sie sich auf die positive Seite! Treten Sie in Wettstreit mit den Besten und sprechen Sie sich täglich mehrmals den Satz vor: „Ich weiß, dass ich fähig bin, mein Lebensziel zu erreichen. Ich werde bei jeder noch so unbedeutenden Aufgabe mein Bestes dafür geben!" Reden Sie immer mit einer Zunge! Sprechen Sie gut über sich und andere Menschen! Das bringt Ihnen Ihren ersehnten Lebenserfolg! Und denken Sie daran: Jede scheinbar noch so unbedeutende Situation in unserem Leben ist eine Herausforderung an unsere Motivation!

Wir sollten uns darüber im Klaren sein, dass wir geboren wurden, um glücklich zu sein und etwas Großes zu schaffen, und dass wir auch die nötigen Kräfte dafür mitbekommen haben, um diesen Kampf zu gewinnen.

336

Unsere Einstellung ist verantwortlich für die Ergebnisse. Wir können so weit emporsteigen, wie wir wollen. Niemand anderer kann uns daran hindern, unsere Ziele zu erreichen, als wir selbst. Dazu gehört aber auch, dass wir unsere Einstellung zu unseren Mitmenschen verändern bzw. verbessern. Warten wir nicht darauf, dass die anderen uns freundlich und wohlwollend gegenübertreten. Nach dem Motto: „Soll doch der andere erst mal zeigen, dass er mich mag, dass er mit mir zusammenarbeiten und mir weiterhelfen will. Dann werde ich vielleicht auch entsprechend handeln!"

Das ist die Denkweise von Menschen, die auch ihre Erfolge von anderen erwarten. Sobald wir positiv, wohlwollend, helfend, offen auf andere Menschen zugehen, werden wir in Kürze feststellen, dass wir sehr schnell Partner finden, die gern bereit sind, uns auf dem Weg zu unserem Erfolg weiterzuhelfen.

Sobald wir anfangen, jeden Menschen so zu behandeln, wie wir gern behandelt werden möchten, können wir ganz unglaubliche Hilfe erwarten!

Seine Lebensmitte verliert man sehr oft durch einen Mangel an Mut, an Selbstvertrauen, an Ich-Bewusstsein und an Ehrlichkeit gegenüber seinen wahren Gefühlen.

337

Es geht gar nicht immer darum, große und weltbewegende Dinge zu tun. Es geht letzten Endes darum, mit seinem Körper, mit seinem Geist und vor allem mit seinem Herzen in einer Wirklichkeit zu leben, von der man das wunderbare Gefühl hat: „Ja, das ist meine Welt. Das ist mein Leben!"

Das ist der Zustand, in dem uns alles von der Hand geht, in dem uns jede Tätigkeit zu einer Quelle des Vergnügens wird – auch die Arbeit! Deshalb mein Rat: „Wenn Sie nicht wissen, wie das, was Sie gerade tun, zu Ihrem Erfolg beiträgt, sollten Sie sich so schnell wie möglich etwas anderes suchen!"

338

Vor einiger Zeit erlebte ich eines Abends in einem bekannten Café in Berlin eine faszinierende Situation zum Thema Begeisterung. Der erste Zeitungsverkäufer kam herein, blickte sich scheu und mit ausdruckslosem Gesicht um, hielt seine Zeitungen hoch und schlurfte in einer großen Schleife durch den Raum. Ohne dass jemand groß aufgesehen und ihn bemerkt hätte, verließ er das Restaurant wieder. Er hatte nicht eine einzige Zeitung verkauft.

Der nächste versuchte immerhin den Menschen in die Augen zu sehen und so die Aufmerksamkeit auf sich zu lenken. Als er das Lokal wieder verließ, hatte er drei Zeitungen verkauft.

Dann kam das Verkaufsgenie. Sein Auftritt war furios! Mit lockeren Sprüchen und den aktuellen Schlagzeilen im Kopf zog er die Aufmerksamkeit an jedem Tisch auf sich. Er begnügte sich auch nicht damit, nur mit einer Tasche voll Zeitungen loszuziehen. Er war mit einem kleinen Auto unterwegs, das bis oben hin mit Packen von Zeitungen gefüllt war. So konnte er, wie er mir glaubhaft versicherte, Abend für Abend die sagenhafte Zahl von fünfzehnhundert bis zweitausend Zeitungen verkaufen. Das klang unwahrscheinlich, doch als er das Restaurant verließ, war seine Tasche leer. Und alle Gäste dieses In-Lokals hatten sich köstlich amüsiert.

Dieses einfache Beispiel zeigt, wie wichtig Motivation und wie wichtig ein Minimum an Kreativität, Freude an der Kommunikation und auch der Mut, unsichtbare Grenzen zu überschreiten, für Erfolg sind.

339

Ich kann Ihnen aus meiner Lebenserfahrung nur eines ans Herz legen: Betrachten Sie jede scheinbar unbedeutende Situation in Ihrem Leben als eine Aufforderung, Ihre Motivation ganz bewusst in den Vordergrund Ihres Denkens und Handelns zu stellen und mehr Motivation in diese Welt zu bringen.

Wer sich des großen Geheimnisses der Motivation bewusst ist, weiß, dass Leben Emotion bedeutet, Freude schenken, Begeisterung empfinden und weitergeben, die Seele reinigen, loben, aufeinander zugehen, mitfühlen, danken, um Verzeihung bitten, einander umarmen und seinen Mitbewohnern auf diesem einzigartigen Planeten größtmögliche Achtung entgegenbringen.

340

Achten Sie täglich, stündlich, ja, bei allem, was Sie tun, auf Ihre Grundeinstellung! Bleiben Sie ständig auf der Suche nach Begeisterung. Lassen Sie nie zu, dass Routine Besitz von Ihrer Arbeit, von Ihrem Denken, von Ihrem Leben ergreift. Schaffen Sie sich magische Augenblicke! Die Magie des Augenblicks ist nicht auf künstlerische Tätigkeiten beschränkt. In jedem Beruf gibt es die Möglichkeit, Neues zu schaffen, ungewöhnliche Begegnungen herbeizuführen, Neuland zu betreten und ungewöhnliche Erfolge zu erzielen.

Und bedenken Sie eines: Der Erfolg eines Unternehmens ist nicht in erster Linie vom Produkt abhängig, sondern von seiner Vision. Einige der reichsten und erfolgreichsten Menschen Deutschlands haben nicht etwa hoch komplizierte Hightechgeräte entwickelt. Sie produzieren Schrauben, Dübel oder handeln mit Waren des täglichen Gebrauchs und haben damit Weltunternehmen aufgebaut. Das Geniale an den Fast-Food-Ketten sind nicht die Hühnchen oder Hamburger, sondern deren Struktur, die aus einer Idee geboren wurde.

341

Was bedeuten für Sie die Namen „Leitz, Uhu, Maggi, Nivea"? – Richtig, es sind Markennamen, die so bekannt sind, dass sie selbst für ähnliche Produkte anderer Hersteller verwendet werden. – Was Sie daraus für sich ableiten sollten? – Machen Sie Ihren Namen zu einem Markenartikel.

Besonders wenn die Tätigkeit, mit der Sie Ihr Geld verdienen, nicht so hoch spezialisiert ist, dass sie ganz von selbst Aufmerksamkeit erregt, müssen Sie nach Wegen suchen, Ihrem Namen durch außergewöhnliche Leistungen einen außergewöhnlichen Glanz zu verleihen.

342

Armut und Reichtum sind weniger eine Einkommensfrage als vielmehr eine Frage der geistigen Einstellung.

Anfang des 20. Jahrhunderts kamen ca. dreieinhalb Millionen jüdische Einwanderer, hauptsächlich aus Osteuropa, in die USA, ins Land der unbegrenzten Möglichkeiten. Sie hatten im Durchschnitt neun Dollar in der Tasche und zählten mit den Iren zu den ärmsten Einwanderern überhaupt. Sechs Jahrzehnte später war das mittlere Einkommen dieser fleißigen Menschen doppelt so hoch wie das des Durchschnittsamerikaners.

Sie sahen keine Alternative zu Ideenreichtum und bedingungslosem Einsatz und Fleiß! Ideen sind der einzige Rohstoff, der unbegrenzt zur Verfügung steht!

343

Tag für Tag werden wir mit den unterschiedlichsten Ereignissen konfrontiert. Unsere Grundeinstellung filtert diese Ereignisse und sortiert sie. Der pessimistisch eingestellte Mensch wird sich gedanklich vor allem mit den Dingen beschäftigen, die seinem Pessimismus entsprechen. Der erfolgreiche Mensch aber wird sein Augenmerk immer auf die Dinge richten, die gut funktionieren, bzw. er wird auch bei den negativsten Nachrichten noch überlegen, wie er die Dinge ins Positive wenden kann.

Da der positiv eingestellte Mensch auf diese Weise immer wieder zu positiven Erfahrungen gelangt, verstärkt sich die positive Seite seines Lebens. Diese tiefe Erkenntnis verweist uns unwiderruflich auf unsere ureigenste Verantwortung für unser Leben! Vergessen Sie niemals: Die Verantwortung für unser Denken liegt in unserer Hand.

344

Blicken Sie über einen Zeitraum von einem Jahr zurück. Welche herausragenden Leistungen fallen Ihnen dabei spontan ein? – Nicht von anderen, sondern von Ihnen selbst! – Ja, glauben Sie mir, es ist enorm wichtig, „Highlights" zu produzieren, an denen Sie selbst Ihre Leistungen festmachen können, Leistungen, von denen aus Sie weiter wachsen können.

Wenn Sie Ihr Leben als Ihre wichtigste Lebensaufgabe ansehen, werden Sie alles, was Ihnen begegnet, als eine Chance für Wachstum willkommen heißen. Jeder Tag ist Trainingstag. Die eigene Position bewusst gestalten, jeden Augenblick offen, ehrlich und aufrichtig zu sich selbst sein – so entwickeln Sie Ihr Leben zur Kunst des Erfolgreichen! Schaffen Sie jeden Tag etwas Vorzeigbares!

345

„Ich tue meine Pflicht!“ ist zwar schon mehr, als viele „Arbeitnehmer“ von sich sagen können, es ist aber immer noch sehr weit von dem entfernt, was echte Leistung ausmacht, und hat im Grunde einen schalen Beigeschmack.

Motivation ist der Motor des Erfolgs. Alles, was wir Menschen je geschaffen haben und noch schaffen können, als Einzelne wie als die Gemeinschaft der Weltbevölkerung, kommt über unseren Geist, über unser Denken und Fühlen – kurz: über unsere Motivation.

Kein Künstler, Schriftsteller, Musiker, Erfinder, Entdecker, Politiker, kein Sportler, kein Trainer, kein Lehrer und natürlich auch kein Wissenschaftler hat je etwas Außergewöhnliches geleistet, wenn er nicht von einer außergewöhnlich hohen Motivation für Spitzenleistungen getragen war. Diese unumstößliche Tatsache sollte jeder Mensch in seinem Bewusstsein verankern. Sie bildet den Kern jedes Erfolgs. Ohne dieses innere Feuer der Motivation gibt es keinen Erfolg!

Für Spitzenkräfte sind Höchstleistung, Engagement, Motivation und Vergnügen an der Arbeit ein und dasselbe.

346

Vermissen Sie klare Regeln, deutliche Verhaltensanweisungen, wie Sie reich und erfolgreich werden können? Ich hoffe nicht! Denn eines muss Ihnen bis hierher klar geworden sein – ein erfolgreiches Leben entsteht nicht nach der Kochbuchmethode „Man nehme ...!“ Motivation kann man auch nicht einwerfen wie eine Kopfschmerztablette und sich damit auf einen Schlag von allen Sorgen befreien.

Die Erfüllung einer Lebensaufgabe setzt Begeisterung voraus, Herz, Hingabe, Ausdauer, Treue, Ehrlichkeit und Offenheit. Echten, redlich verdienten Erfolg kann man nur aus sich selbst heraus schaffen. Er ist nicht exakt planbar wie eine Karriere in der Verwaltung. Echter Erfolg ist ein unauslöschlicher Grundbucheintrag in Ihr Leben.

Ein Mensch, dessen wichtigstes Anliegen nicht die Spitzenleistung, sondern der größtmögliche Gewinn ist, hat das falsche Lebensziel!

347

Ein erfolgreicher Mensch, ein erfolgreiches Management, ein erfolgreiches Land lässt nichts zur Routine werden. Man braucht zwar einen festen Tagesablauf, einen regelmäßigen Arbeitsrhythmus, aber das ist etwas gänzlich anderes als Routine. Routine ist der sicherste Weg, auch erreichte Erfolge zunichte zu machen. Routine macht blind für Veränderungen, genauso wie die Arroganz des Erfolgs. Und das ist eine existenzielle Gefahr.

Das Unternehmen – und sei es ein Weltkonzern –, das sich seines Erfolgs zu sicher ist und nicht mehr täglich die Parameter seines Erfolgs kritisch überprüft, befindet sich bereits auf Talfahrt.

Das bedeutet, ein erfolgreicher Mensch, ein erfolgreiches Unternehmen, ein erfolgreiches Land muss Tag für Tag offen sein für Neues!

348

Es ist ein sehr zweifelhaftes Kompliment, wenn jemand, der Sie lange Zeit nicht gesehen hat, zu Ihnen sagt: „Sie haben sich aber gar nicht verändert!“

Als ein Mensch, der Erfolg sucht und der Erfolg hat, müssen Sie Ihr Denken, Ihre Gefühle und Ihr Handeln ständig überprüfen – wie ein Steuermann, der seinen Kurs nur beibehalten kann, wenn er ihn laufend mit dem Wechsel der Strömungen und mit der Winddrift abgleicht.

Erfolgreiche Menschen sind deshalb erfolgreich, weil sie ihr Denken und Handeln, ihre Gefühle und ihre Erwartungen täglich neu justieren.

349

Wie erringt man den goldenen Lorbeer des Erfolgs und wie bleibt man in der Rangliste der Besten? Arthur Rubinstein, einer der größten Pianisten, sagte dazu: „Wenn ich drei Tage nicht übe, merke ich es selbst. Wenn ich eine Woche lang nicht übe, merkt es der Dirigent, und wenn ich vier Wochen lang nicht übe, merkt es das Publikum!“ Dabei hieß Üben für ihn, neben dem Üben der Fingerfertigkeit ständig neue Nuancen der Interpretation suchen, für Stücke, die er schon Hunderte von Malen gespielt hatte.

Dieses Üben und Suchen gilt für alle Disziplinen in gleicher Weise. Wie viele Stunden haben Sie in diesem Jahr für das Ziel Ihres Lebens geübt? Seien Sie sich der Tatsache bewusst, dass kein Talent groß genug ist, um ohne Übung Spitzenleistungen hervorzubringen!

350

Meiden Sie den Umgang mit Menschen, für die jede Tätigkeit Stress bedeutet. Stress ist ein Wort, das mit Lustlosigkeit, Antriebsschwäche, Motivationsarmut und negativer Lebenseinstellung einhergeht. Diese Menschen klagen sogar über „Urlaubsstress"!

Ich kannte über viele Jahre kaum Freizeit, selten ein verlängertes Wochenende und Urlaub nur zwischen Weihnachten und Neujahr. Ich musste ein Übermaß an Disziplin aufbringen und Einladungen von Freunden früh verlassen, viele letzte Drinks dankend ablehnen, unzählige Urlaubsjets ohne mich in den sonnigen Süden starten lassen und mich Ende des Sommers der verwunderten Frage von Kunden stellen: „Sie sind aber gar nicht braun. Wo waren Sie denn im Urlaub?" Dennoch habe ich mich nie bedauert, denn ich kannte mein Ziel.

Erfolgreiche Menschen sind in der Lage, vorsätzlich gute Emotionen zu erzeugen. Sie genießen es, wenn der Leistungsdruck steigt, weil sie sich dann beweisen können, dass sie noch mehr schaffen können, als sie selbst von sich angenommen haben.

351

Wenn Sie die vorangegangenen 350 Seiten aufmerksam gelesen haben, haben Sie eine Reihe von Widersprüchen entdeckt. Das darf Sie nicht verwundern, denn der Weg zum Erfolg steckt voller Widersprüche! Diszipliniert denken und unkonventionell handeln, exakt planen und sich gleichzeitig auf seine Intuition verlassen, strategisch denken und emotional entscheiden, unbeirrbar seinen Weg gehen und dennoch auf jede Veränderung der Strömung reagieren, ständig entscheidungsbereit sein und dennoch gelegentlich abwarten, große Ziele anstreben und dabei ganz bescheiden bleiben, sein Lebensglück suchen und dafür bis an die Grenze der Leistungsfähigkeit arbeiten – wie könnte man all diese gegensätzlichen Forderungen in einem Menschenleben unterbringen?

Auf dem Weg zum Erfolg gibt es keine absoluten Wahrheiten. Alle vermeintlich unverrückbaren Wahrheiten können von veränderten Situationen widerlegt werden. Das Geheimnis des Erfolgs liegt darin, unüberwindliche Gegensätze in sich zu vereinigen!

352

Die größte Unlogik des Erfolgs liegt darin, dass er nicht das Ziel ist, sondern der Weg, den Sie verfolgen müssen, um ans Ziel zu gelangen! Was nämlich letzten Endes am Erfolg wirklich zählt, ist die Ausformung Ihrer erfolgreichen Persönlichkeit.

Betrachten Sie die großen Persönlichkeiten der Zeitgeschichte. Sie sind in die Spitzenpositionen gelangt, in denen wir sie kennen, weil sie genau die Grundsätze der Motivation und der Kommunikation angewandt haben, auf die ich in diesem Buch immer wieder Bezug nehme.

Sie sind der lebende Beweis dafür, welch ungeheure Kraft ein Mensch in sich sammeln und welchen Einfluss er damit ausüben kann. Sie zeigen, dass der Ausstrahlungskraft und Begeisterungsfähigkeit eines Menschen keine Grenzen gesetzt sind.

Deshalb frage ich Sie: Glauben Sie nicht auch, dass auch Sie die Kraft Ihrer Persönlichkeit und die Strahlkraft Ihrer Begeisterung noch um ein Vielfaches steigern könnten?

353

Wie entsteht die Realität Ihres Erfolgs? – Indem Sie an die Möglichkeit seiner Existenz glauben, ehe Sie den leisesten Anhaltspunkt für seine Verwirklichung haben!

Ich hatte schon als Kind den brennenden Wunsch in mir verspürt, einmal erfolgreich, frei und unabhängig zu werden. Dennoch kann ich heute kaum nachvollziehen, woher ich den Mut und die Kraft nahm, am absoluten Tiefpunkt meines Lebens mit dem wenigen Geld, das mir noch zur Verfügung stand, ein Unternehmen zu gründen.

Dieser unsagbare Wille zum Erfolg bewirkt den unglaublichen schöpferischen Quantensprung, der in jedem echten Erfolg wie ein unlösbares Rätsel eingeschlossen ist. Wer sich ausschließlich auf die Logik von Marktanalysen und von Bedarfsfeststellungen verlässt, wird niemals nennenswerte Erfolge erzielen.

354

Worin liegt der Erfolg des Glaubens? – Es gibt keine Religion, die die Existenz Gottes logisch, schlüssig und unwiderlegbar beweisen kann. Dasselbe gilt umgekehrt allerdings auch für den Atheismus, der keinen hieb- und stichfesten Beweis für die Nichtexistenz Gottes liefern kann.

Der große Unterschied zwischen diesen beiden gegensätzlichen Glaubensauffassungen liegt in seiner Wirkung. Der Glaube an Gott hat unzählige Heiligtümer – Kirchen, Kathedralen, Klöster, Moscheen und Tempel – geschaffen. Was hat der Glaube an die Nichtexistenz Gottes geschaffen – nichts!

Ich glaube, dass uns das Mut machen sollte, auf unseren Glauben zu vertrauen!

355

Dass der Glaube Berge versetzen kann, mag ein übertriebenes Bild sein. Dass aber Ihr Glaube an Ihre Entscheidungsfreiheit, an Ihre Tatkraft und an Ihre Erfolgschancen Ihr Leben ganz entscheidend verändern kann, steht außer Zweifel!

Wenn etwas schief läuft im Leben, sind viele Menschen schnell bei der Hand mit der Haltung: „Da kann ich nichts dafür! Da ist der oder der daran schuld, der missgünstige Kollege, der uneinsichtige Chef, die gleichgültige Gesellschaft, die allgemeinen Zeitläufe." Diese Haltung verhindert ganz eindeutig die Möglichkeit, sich selbst zu helfen.

Was unser Leben wirklich bestimmt, ist die Bedeutung, die wir den Ereignissen zumessen, denen wir begegnen oder die wir in vielen Fällen bewusst oder unbewusst selbst herbeiführen.

356

Gehen Sie mit Ihrem Denken, Fühlen und Handeln nicht weniger sorgfältig um als mit Ihrem Körper. Pflegen Sie täglich Ihr Erfolgsbewusstsein! Versuchen Sie, den Zauber der positiven Ausstrahlung, Ihre Siegesgewissheit, die Zuversicht und die Freude über Ihre zukünftigen Erfolge den ganzen Tag über beizubehalten – egal, was Ihnen den ganzen Tag über an Negativem begegnen mag!

Sie werden sehr schnell die Erfahrung machen, dass allein diese Ausstrahlung der Zuversicht Hindernisse aus dem Weg räumt. Scheuen Sie sich nicht, anderen Menschen zu zeigen, dass Sie erfolgreich sind!

Schaffen Sie mit Ihrer zuversichtlichen Haltung einen Schutzschild gegen die Grippeviren schlechter Laune und negativer Denkweisen!

357

Über eines sollten Sie sich von vornherein im Klaren sein: Bei Ihrem täglichen Training für die erfolgreiche Verwirklichung Ihres Lebensziels erwartet Sie kein Sonntagsspaziergang. Sie werden außer Atem kommen. Ja, Sie werden vielleicht sogar vorübergehend die Richtung verlieren und sich fragen, wohin Sie dieser unbedingte Wille zum Erfolg führen wird. Das ist ganz normal. Sie wissen aber sicher so gut wie ich, dass bei jedem Training die unermüdliche Wiederholung, die Ausdauer und der nicht nachlassende Wille ganz entscheidend zum Erfolg beiträgt.

Wenn Sie das brennende Verlangen nach Erfolg einmal ganz erfasst hat, dürfen Sie es nie wieder zur Ruhe kommen lassen!

358

Unsere Lebenszeit ist unser kostbarstes Gut. Viele Menschen leben in den Tag hinein, als sei die Zeit ein erneuerbarer Rohstoff und ihr Leben ziehe sich dahin bis in alle Ewigkeit. Machen Sie sich bei allem, was Sie tun, deutlich bewusst, dass jeder Tag, jede Stunde, jede Minute einmalig und unwiederholbar sind. Keine Sekunde Ihres Lebens, die vergangen ist, wird jemals wiederkehren.

Ist das nicht ein unglaublich starker Ansporn, den Erfolg innerhalb der Zeitspanne zu erleben, die uns geschenkt ist? Diese zeitliche Begrenztheit unseres Daseins ist die große Herausforderung an unser positives Denken und vor allem an unser positives Handeln. Als bewusst lebende Menschen stehen wir unter Zeitzwang für die Verwirklichung des Positiven.

359

Blicken Sie immer wieder auf Ihr bisheriges Leben zurück und lesen Sie den aktuellen Kontostand ab! Fragen Sie sich ganz ehrlich: „Welche Ziele habe ich bereits verwirklicht? Welche Ziele habe ich aus Mangel an Mut und Vorstellungskraft ersatzlos gestrichen? An wie vielen glücklichen Stunden meines Lebens bin ich achtlos vorübergegangen? Wie viele Stunden meines Lebens habe ich mit sinnlosem Ärger und Grübeln verbracht?

Aus dieser Bilanz können Sie nur den Schluss ziehen: „Ab heute werde ich keinen Leerlauf mehr zulassen! Ich werde an der Entwicklung meiner Fähigkeiten, an der Erweiterung meines Wissens und an meiner Annäherung an Glück, Zufriedenheit und Erfolg arbeiten!

Nehmen Sie die Verantwortung für Ihr Lebensglück selbst in die Hand!

360

Erfolge echter menschlicher Begegnung können oft nur wenige Stunden oder auch nur Minuten dauern. Dennoch sind sie die wichtigsten Erfolge, die wir in unserem Leben erreichen können. Sie sind unvergänglich, weil sie ihren Glanz oft bis ans Ende unseres Lebens behalten.

Echte menschliche Begegnungen sind die Krönung eines erfolgreichen Denkens und Lebens. Sobald es uns gelingt, den Übergang vom Ich zum Wir zu verwirklichen und uns mit den Wünschen und Energien anderer Menschen in einer gemeinsamen Aufgabe harmonisch zu verbinden, können wir von Erfolg im eigentlichen Sinn sprechen.

Die Erfolge, die wir mit dem Herzen spüren, bringen den größten Gewinn, weil sie uns mit anderen Menschen eins werden lassen.

361

Suchen Sie beständig Ihren eigenen, ganz persönlichen Erfolg, denn erfolgreiche Menschen leben ihr Leben doppelt. Erfolg bedeutet, dass die Energie, die Sie abgeben, in positiver Weise auf Sie zurückkommt.

Erfolgreich sein bedeutet nicht, keine Probleme mehr zu haben, sondern Lösungen für Probleme zu finden, die andere Menschen vor sich herschieben. Erfolgreich sein bedeutet, auf der Suche nach Problemlösungen innerlich beständig zu wachsen.

362

Einzig und allein die Art und Weise, wie wir mit schwierigen Lebenssituationen umgehen, bestimmt unser Leben. Viele Menschen betrachten ihr Leben nur als Misserfolg. Entmutigt von dieser glücklosen Einstellung werfen sie nach dem ersten fehlgeschlagenen Versuch die Flinte ins Korn und reden sich ein, dass bei ihnen ohnehin immer alles schief geht.

Was ich dabei als ganz besonders traurig empfinde, ist die Tatsache, dass Menschen, die sich immer nur beklagen und allen anderen die Schuld geben, nur nicht sich selbst, niemals erfahren werden, was eigentlich in ihnen steckt und wie gut sie sind. Sie verbringen das kostbarste Geschenk, das wir haben, unsere Lebenszeit, voller Frust, Ärger, Sorgen und Unglück.

Erfolgsbewusste Menschen suchen Freude und begeistern sich leidenschaftlich für die schönen Seiten des Lebens, weil sie wissen, dass ihr Erfolg und das Erreichen ihrer Ziele ganz direkt von ihrer positiven Motivation abhängt. Sie suchen auch in ihren Mitmenschen stets das Positive. Diese positive Grundhaltung ist der Ursprung ihres Erfolgs.

363

Alles menschliche Schaffen entsteht aus Begeisterung! Einen Menschen, der mit ehrlichen Mitteln ein ehrliches Ziel anstrebt und der mit der ungeheuren Kraft der Begeisterung an die Verwirklichung seiner Ziele geht, kann auf Dauer nichts von deren Erreichen abhalten.

Ihre Begeisterung für das Geschenk Ihres Daseins, für das Glück und für den Erfolg wird Ihnen das Höchste an Reichtum schenken, das Sie in Ihrem Leben erreichen können. Alle negativen Gefühle und Denkweisen, die bisher Ihren Erfolg verhindert haben, werden verschwinden und Ihr Leben wird in einem von Ihnen nicht für möglich gehaltenen Glanz erstrahlen. Lassen Sie nicht zu, dass dieser Glanz Sie jemals wieder verlässt!

364

Ja, es lohnt sich, Verantwortung für sein Leben zu übernehmen, Angst und Mutlosigkeit zu überwinden, Leidenschaft und Begeisterung für ein erfolgreiches und erfülltes Leben in sich zu wecken und täglich seine Motivation neu auf sein Lebensziel auszurichten. Diese Erkenntnis ist absolut nicht neu – wir müssen sie uns nur ständig, Tag für Tag, ins Bewusstsein rufen!

Es ist der göttliche Funke der alles überstrahlenden Begeisterung, der unserem Leben Hoffnung, Freude, Glück und die unermesslichen Räume der Fantasie schenkt. Wenn Sie diesen Funken in sich spüren, dann können Sie nichts Besseres tun, als ihn an andere Menschen weiterzugeben. Erst dann strahlt er wirklich auf Sie zurück!

365

Der Sinn unseres Lebens ist es, glücklich und erfolgreich zu sein, Freude zu erleben im Beruf, in der Partnerschaft und im Zusammenleben mit Freunden und Kollegen. Ich möchte Sie mit meiner ganzen Überzeugungskraft dazu ermutigen, die Phase des bloßen Wünschens und Hoffens zu beenden und mit all der Kraft, die in Ihnen steckt, an die Verwirklichung Ihrer Wünsche, Träume und Hoffnungen zu gehen.

Sie werden es erleben – auf Dauer kann Ihr Erfolg niemals ausbleiben, wenn Sie sich dafür entscheiden, ihn mit der ganzen Kraft Ihrer Persönlichkeit zu verwirklichen und zu leben!

Ich wünsche Ihnen von ganzem Herzen den Erfolg, der in Ihnen angelegt ist. Wecken Sie in sich immer wieder die Begeisterung für einen Neuanfang!

Ihr
Erich Lejeune

Über den Autor

Erich Lejeune, der 1944 geborene visionäre Hightech-Unternehmer und Deutschlands Motivator Nr. 1, verkörpert wie kein anderer die Traumkarriere „vom Tellerwäscher zum Millionär“. Lejeune ist heute Motivationscoach von Weltunternehmen und weltweit einzige, der seine Erfolgsstrategien selbst in die Wirklichkeit umgesetzt hat. Die Grundsätze und Strategien dieses Erfolgs hat er in zahlreichen Seminaren, Vorträgen, Großveranstaltungen, Fernsehsendungen und zuletzt in der für ihn geschaffenen Vorlesungsreihe „Motivation for Excellence“ der TU München dargelegt. 2003 gründete er die „Lejeune Academy for Motivation, Communication and Success“. Erich Lejeune ist Herausgeber der *edition mensch* im Süddeutschen Verlag.

Gerd Käfer

Der Gourmet-Papst

Dienen ist mein Leben

Gerd Käfers Feste – mit ihren kulinarischen Höhenflügen und ihrer rastlosen Lebensintensität waren Symbol für die „fetten Jahre" einer ungeheuer spannenden Wirtschaftswunderzeit. Sie bestimmten über Jahrzehnte die Leute-Kolumnen der Yellow Press. Denn er kennt sie alle aus nächster Nähe – Friedrich Karl Flick, Gunter Sachs, Elton John, „Kaiser Franz" Beckenbauer, Prinzessin Caroline und Fürstin Gloria ...

304 Seiten
Hardcover mit Schutzumschlag
€ 19,90 (D) / € 20,50 (A) / CHF 34,90
ISBN-10: 3-636-01357-2
ISBN-13: 978-3-636-01357-6

Gerd Käfer, Gourmet-Papst und Bayerischer Tafeldecker, Erfinder und unübertroffender Meister des Party-Service – interviewt von Erich Lejeune, dem visionären High-Tech-Unternehmer, TV-Moderator, Bestseller-Autor und Deutschlands Motivator Nr. 1.

Hintergründig – frech – amüsant – spritzig – sexy!

Erich Lejeune ELEM Edition Mensch